配色アイデア見本帳
Color Scheme Idea Book

石田恭嗣 著
Ishida Kiyotsugu

MdN
DESIGN
BASICS

エムディエヌコーポレーション

配色アイデア見本帳
© 2002 Kiyotsugu Ishida
All rights reserved.

■本書のいかなる部分につきましても株式会社エムディエヌコーポレーションとの書面による事前の同意なしに、電気、機械、複写、録音、そのほかのいかなる形式や手段によっても、複製および検索システムへの保存や転送は禁止されています。

■本書に記載されているすべてのブランド名と製品名、登録商標および商標は、それぞれの帰属者の所有物です。

はじめに

　色相の違いを「色み」の違いともいいますが、「色み＝色味」であり、色は味と同様に微妙な存在です。たとえば、「おいしい」「まずい」の基準は人によって異なります。「あの店の料理はおいしいよ」とすすめられて早々に行ってみたが、あまりおいしくなかった、といった経験をしたことがあるのではないでしょうか。嗜好性の違いによって、個々人が感じる味は変わってくるのです。

　しかし、「甘い」「辛い」「酸っぱい」などの大まかな味覚は、人それぞれ微妙な違いはあるものの、大筋では一致します。同じように、色も感覚的に万人に共通するイメージがたくさんあります。

　この本では、そのような多くの人に共通する色のイメージをはじめ、色彩の基礎、配色の基本的な手法を、多くの事例を掲載して説明しています。色に興味のある人やイラストレーター・デザイナーとして仕事をされている方にも参考になるでしょう。また、作品を色という視点で分類して掲載しているので、作風が異なる作品を見くらべるのも楽しいと思います。ただし、掲載している作品は、配色というテーマにそって分類したもので、それぞれの制作者の意図・目的とは無関係であることを明記しておきます。

＊

　本書のなかの作品は、株式会社フェリシモ、大寺 聡さん、CHIPSさんをはじめ、多くの企業、デザイナー、イラストレーターの方々のご好意によって掲載させていただきました。この場をお借りして御礼申し上げます。みなさまの御協力に感謝するとともに、これからも御発展、御活躍されることを期待しています。また、本書の装訂・デザインを担当していただいた有限会社イーストゲイトの鎌田正志さんにも感謝いたします。

2002年4月

石田恭嗣

CONTENTS

Introduction　色の基本を理解する

　　　色とは何か ……………………………………………………… 010
　　　色空間を把握しよう …………………………………………… 011
　　　色相（Hue）……………………………………………………… 012
　　　明度（Lightness）………………………………………………… 013
　　　彩度（Chroma）…………………………………………………… 014
　　　トーン（Tone）…………………………………………………… 015
　　　色の働きと機能 ………………………………………………… 016
　　　RGBとCMYK …………………………………………………… 018

Part 1　デザインイメージの表現

　　　色のイメージ …………………………………………………… 020
　　　寒・暖感の表現 ………………………………………………… 022
　　　興奮・鎮静感の表現 …………………………………………… 024
　　　軽さ・重さの表現 ……………………………………………… 026
　　　元気・楽しい・にぎやか・派手 ……………………………… 028
　　　おいしさを表現する配色 ……………………………………… 030
　　　女性的・男性的なイメージの配色 …………………………… 032
　　　子どもらしさ・大人らしさ …………………………………… 034
　　　スポーティー・キュート ……………………………………… 036
　　　エレガント・高級感 …………………………………………… 038
　　　ナチュラルハーモニー ………………………………………… 040
　　　自然な配色と都会的な配色 …………………………………… 042
　　　日本的なイメージの配色 ……………………………………… 044
　　　エスニックなイメージの配色 ………………………………… 046
　　　アンティークなイメージの配色 ……………………………… 048
　　　　　　　　　　　　【SD法】………………………………… 050

Part 2　色彩計画にあたって

明度関係で決まる優先順位 …………………………… 052
視認性を高める配色 …………………………………… 054
誘目性を高める配色 …………………………………… 056
色に共通性をもたせる ………………………………… 058
対比によって変わる色の印象 ………………………… 060
補色対比——赤と緑 …………………………………… 062
光源色や面積で変わる色の印象 ……………………… 064
風土や季節で変わる配色 ……………………………… 066
色とテクスチャ ………………………………………… 068
　　　　　　　【進出・後退感】………………………… 070

Part 3　配色の効果

アクセントカラーを使った配色 ……………………… 072
アクセントカラーとバランス ………………………… 074
鈍さを救うアクセントカラー ………………………… 076
色をつなぐグラデーション …………………………… 078
グラデーションで空間表現 …………………………… 080
グラデーションで幻想的な雰囲気に ………………… 082
対比を弱めるセパレートカラー ……………………… 084
全体を締めるセパレートカラー ……………………… 086
輪郭線の太さで印象を調節する ……………………… 088
色の重心で印象が変わる ……………………………… 090
　　　　　　　【色と陰影】…………………………… 092

Part 4　配色のバランス

　　1色で表現する …………………………………………… 094
　　類似色相ではトーンの幅を広く ………………………… 096
　　2色の配色では色相を変える …………………………… 098
　　補色色相による2色の配色 ……………………………… 100
　　3原色に近い3色配色 …………………………………… 102
　　彩度の高い多色配色 …………………………………… 104
　　彩度の低い多色配色 …………………………………… 106
　　低彩度でまとめるときは色数を多く …………………… 108
　　グルーピングで色を見やすく …………………………… 110
　　白と黒で有彩色を象徴的に見せる ……………………… 112
　　無彩色で有彩色を強調 ………………………………… 114
　　グレイッシュなトーンの配色 …………………………… 116
　　　　　　　【慣用色名】 ………………………………… 118

Part 5　Webページの配色

　　情報量の多いサイトの配色 ……………………………… 120
　　画像を大きく扱うサイトの配色 ………………………… 122
　　ブランドカラーを重視した配色 ………………………… 124
　　情報の新鮮さを重視した配色 …………………………… 126
　　性差のイメージを重視した配色 ………………………… 128
　　自由度の高い個人サイトの配色 ………………………… 130
　　　　　　　【Webセーフカラー一覧】 …………………… 132

Part 6　**配色ケーススタディ**

コーポレートブランディングにおける配色
　　　ランドーアソシエイツ ………………………………………… 1 3 4

ディスプレイデザインの配色
　　　田丸靖史 …………………………………………………………… 1 3 8

Webサイトの配色
　　　レインボー・ジャパン …………………………………………… 1 4 2

イラストレーションの配色
　　　大寺 聡 …………………………………………………………… 1 4 6

　　　　　　　　　掲載作品出典一覧 ……………… 1 5 0

本書の使い方

　本書は「配色」の基礎知識とテクニック、アイデアと実例サンプルをまとめた技法書です。DTPやグラフィックデザイン、Web制作における「配色」を写真やイラスト、広告などの作品をもとに解説しています。

　色のサンプルには、DTP制作（プロセスカラー印刷）用にCMYK値、Web制作などのディスプレイ表示用にRGB値を表記しています。また、Part5ではWebセーフカラー値を表記しています。

※色のサンプルは、印刷の状態などによって変化することもあります。
※本書はCMYK値をもとに印刷しています。RGB値については、色の見え方が異なりますので、ご注意ください。
※本書に掲載している作品の著作権は、それぞれの作品の制作者にあります。

本書での色の表示

本書では、各ページのテーマごとに「色のカタログ」と「配色アイデア」を掲載しています。色の見本には、それぞれCMYK値とRGB値を表記しているので、DTP、Web制作などの目的に合わせて参照してください。

100-30-0-0　←CMYK値
5-113-176　←RGB値

● 色のカタログ
各ページのテーマごとに色の見本が並んでいます。たとえば「寒・暖感の表現」では上段に「寒さ」をイメージさせる色、下段に「暖かさ」をイメージさせる色を表示しています。

● 配色アイデア
複数の色でイメージを表現するための「組み合わせサンプル」です。たとえば「寒さ」でも、「冷たい夜のイメージ」「深海の神秘的なイメージ」「清涼感のあるイメージ」などさまざまです。目的に合わせて参考にしてください。

● 配色のポイント
各ページのテーマについて、重要なポイントを3点にまとめています。このポイントを念頭において配色を考えましょう。

● 作品サンプル＋配色テクニック解説
「配色アイデア」のイメージに近い作品を掲載しています。プロの実例からアイデアとヒントを学びましょう。作品に隠された配色のテクニックについても解説しています。

Introduction
色の基本を理解する

Introduction　色の基本を理解する
色とは何か

光がなければ色は存在しない

　私たちは日常生活のなかで、多種多様な色を見ています。しかし、ほとんどの場合は無意識に見ているため、あえて「色とは何だろう？」と考えることはほとんどないでしょう。色とはいったい何でしょうか。

　たとえば、購入した服を帰宅してから見てみると、店で見た色と違っていた、といった経験はないでしょうか。この現象は、お店と自宅の照明の光源が異なっていて、色の見え方が変化したために起こったと考えられます。また、あたりまえのことのようですが、夜に照明を消すとその瞬間に色も消えてしまいます。これらのことからわかるのは、「光が存在しなければ色も存在しない」ということです。

近代色彩学の父、ニュートン

　色を論理的に解明しようとした歴史は古く、ギリシャ時代にはプラトン、アリストテレスなどの哲学者が自然現象のなかから色を説明しようとしました。その後、時代を経て科学の進歩とともにさまざまな分野から色へのアプローチが行われるようになり、色についての研究も進展しました。そして、近代色彩学の基礎を築いたのがニュートン（Newton, Sir Issac 1642～1727）です。

　ニュートンはさまざまな実験を行い、その結果を論理的にまとめた著書『光学』を1704年に発表しました。ニュートンの実験で最も有名なもののひとつが、スリットを通った太陽光（白色光）をプリズムによって色光に分光した実験です。ニュートンは、分光した色光を再度プリズムに通すことで、もとの白色光に戻すことにも成功しました。この分光した光の帯を「スペクトル」といいます。

　この実験によって無色に見える太陽光のなかに私たちが見ている色のすべてが含まれていることを証明しました。これは、物体に当たった太陽光は物体表面で一部の色光を吸収し、それ以外の色光を反射することで物体の色が見えている、という仮説を証明するための実験でした。

色は電磁波の一部

　私たちが見ている色は電磁波の約380～780nm（nm：ナノメーター／nm＝1m^{-9}）という非常に狭い範囲です。その範囲を「可視範囲」といい、私たちが色として見ることができる光を「可視光」といいます。

　リンゴが赤く見えるのは、リンゴに当たった光はその表面で電磁波の長波長（680nmぐらい）の赤の色光を反射し、それ以外の中波長、短波長の光を吸収しているからなのです。

● 画家のアトリエの窓は、ほとんどが北側にあります。それは昼の北窓から入る太陽光で見た色が最も正確な色を表すからです。

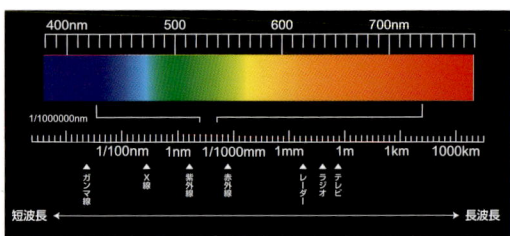

● 可視光は電磁波の一部です。私たちは、そのうちの約380～780mmを色として見ることができます。

● 太陽光は時間によって変化し、私たちが見ている色もそれに伴って変化します。

Introduction　色の基本を理解する
色空間を把握しよう

表色系

　膨大な色を的確に使うために、色を分類し体系化した色の"ものさし"のことを「表色系」といいます。表色系には体系化する基本的な方法の違いにより、顕色系と混色系に大別されます。顕色系は色の3属性（色相・明度・彩度）をもとに体系化した表色系で、混色系は光の混合を手がかりに色を体系化した表色系です。

色の分類

　色を大別すると白・グレイ・黒の「無彩色」と無彩色以外の「有彩色」に分けることができます。無彩色と有彩色の境界は微妙で、限りなくグレイに近くても青みを帯びていたり、赤みを帯びていることもあります。

色の3属性と色立体

　色には、色にしかない性質が3つあります。それは「色相」「明度」「彩度」です。それぞれ色みの違い、明るさの強弱の度合い、色みの強さの度合いを表します。色を3属性で表すときは、係数が3つあるので3次元の表現になり、それをモデル化したものを「色立体」といいます。
　色立体を無彩色の軸を通るように縦に切ると、そこには色相が同じで明度・彩度の異なる等色相面が現れます。また、色立体を水平に切ると明度が同じで色相・彩度の異なる等明度面が現れます。これらの面は、本書で説明する配色の方法において重要な意味をもっています。
　配色を考えるときに、色の面積比なども重要ですが、使う色どうしが色立体のなかでどのような位置関係にあるのかを理解することが大切です。色どうしの位置関係によって、組み合わせたときのイメージが決まってくるからです。

マンセル表色系

　アメリカの画家・美術教育者であったマンセル（Munsell, A.H.1858〜1918）は、物体の表面色の見え方を色相・明度・彩度の3つの属性によって3次元空間の1点に対応させ、それぞれの座標軸に等間隔の尺度をつけて表示する表色系を創案しました。
　マンセル表色系はアメリカをはじめ多くの国の表色系に影響を与え、本書でも基本としているJIS（日本工業規格）の表色系もマンセル表色系に準拠しています。

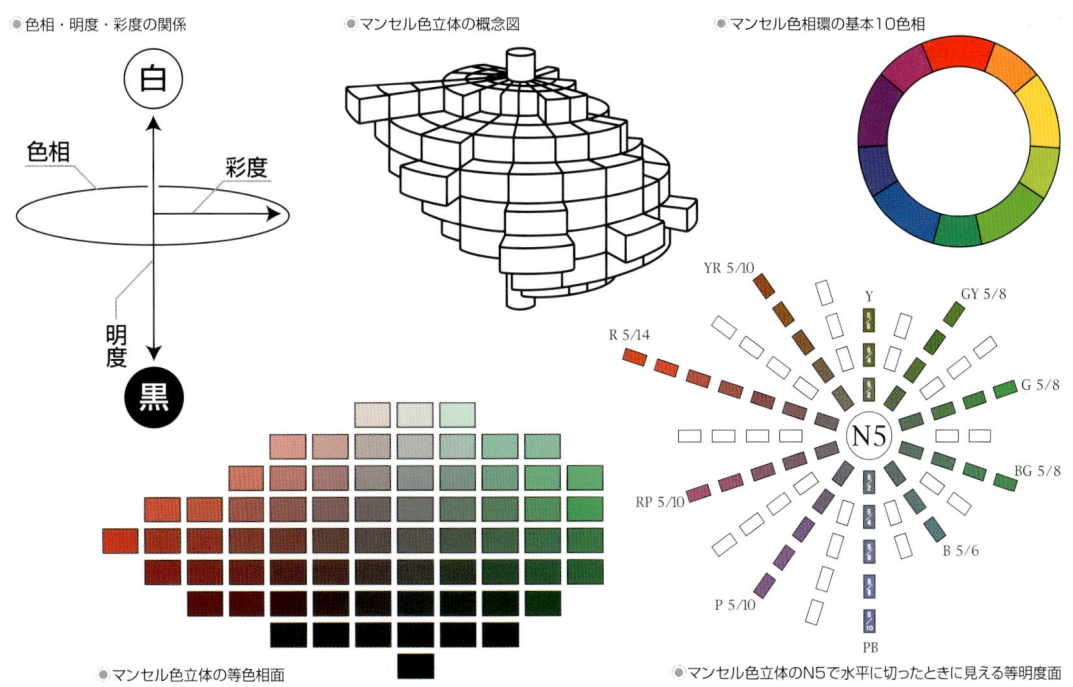

●色相・明度・彩度の関係
●マンセル色立体の概念図
●マンセル色相環の基本10色相
●マンセル色立体の等色相面
●マンセル色立体のN5で水平に切ったときに見える等明度面

Introduction　色の基本を理解する

色相(Hue)

　色みの違いを表したものが色相です。ニュートンの実験では、太陽光を無数の色光に分光しましたが、そのとき現れたスペクトルが色相になります。しかし、長波長の赤から短波長の菫(すみれ)まで微妙なグラデーションで変化しているために、各表色系ではスペクトルのなかから代表色を選んで基本色を決めています。
　ニュートンは当時の音階が7音であったことをヒントに7色を決めました。そして、7色による混色の結果を予測するためにスペクトルの両端をつなげて環としたのです。この色相を表す環は、それ以降多くの表色系で使われています。

補色

　色相環で中心を通り、向かい側に位置している2色のことを「補色関係にある色」といいます。この2色は性質が最も異なる色で、となりどうしに並べると、それぞれの色がより鮮やかに見えてきます。しかし、その2色を混色するとそれぞれの色の性質が消され、限りなく無彩色に近い色になります。補色を使った色づかいは、さまざまな場面で見かける代表的な配色法のひとつです。

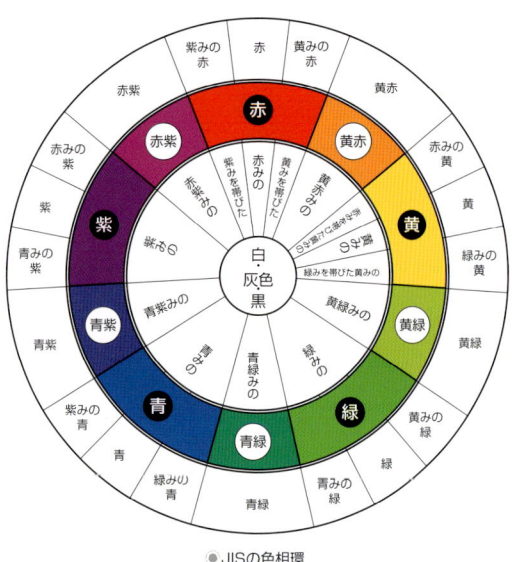

●JISの色相環

Introduction　色の基本を理解する
明度（Lightness）

　明度は、明るさの強弱の度合いを表します。無彩色の白に近いほど明度は高く、黒に近いほど明度が低くなります。色の3属性のなかで色相・彩度は有彩色にしかない性質ですが、明度は無彩色・有彩色のすべての色にある性質です。

　明度はものの見え方に大きな影響を与えます。となり合う色面の明度関係を「コントラスト」といい、明度差があることをコントラストが高い、明度差が少ないことをコントラストが低いといいます。下の写真で、3種類のボーダーのTシャツで一番はっきりと見えるのは左側のTシャツです。写真を白黒にしてみると、コントラストが高いのは左側のTシャツであることがよくわかります。

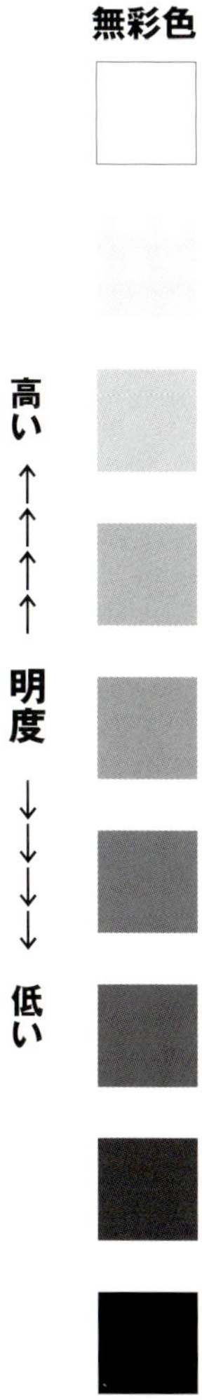

● 明度は見え方の強さに深く関わっています。となり合う色面どうしの明度差のあるところが一番強く見え、逆に明度差のない部分は強く見えません。明度差がない場合は、色相・彩度に差をつけることで、強く見せることもできます。

Introduction 色の基本を理解する

彩度(Chroma)

　彩度は、色みの強さの度合いを示すもので、「鮮やかさの度合い」ともいいます。彩度は、無彩色の軸に近いほど低く、無彩色の軸から離れるほど高くなります。そして、無彩色の軸から最も離れている色が一番彩度の高い色、すなわちその色相の「純色」になります。

　色の3属性のなかでは彩度の度合いを見極めるのが最も困難です。同一色相の場合、その違いは比較的容易に判断することができますが、下の図の6色を見てすべての色が同じ彩度の色であるとわかる人は、色に熟知した人だけです。色を見たときに最初に目に飛び込んでくる情報は色相の情報で、次が明度の順です。彩度に関しては色相・明度の情報が強すぎて、その度合いを正確に判断することは困難です。

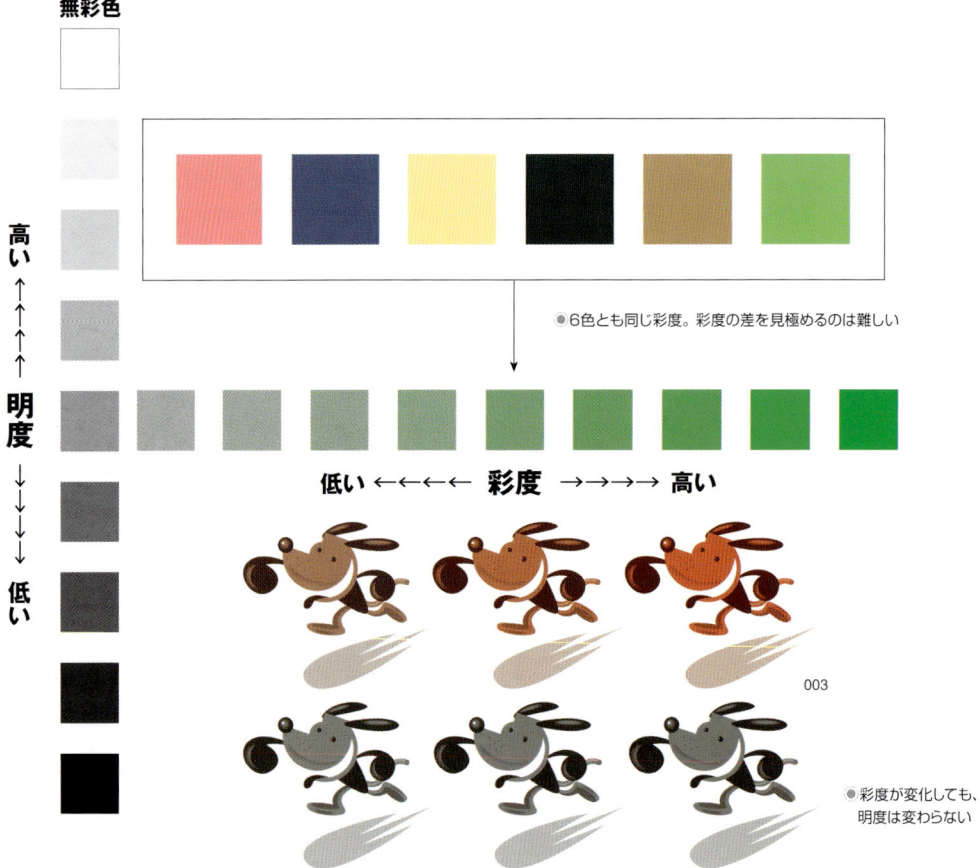

● 6色とも同じ彩度。彩度の差を見極めるのは難しい

● 彩度が変化しても、明度は変わらない

● 彩度の低いイラストレーション

Introduction 色の基本を理解する
トーン（Tone）

音や色の調子を表すときに「トーン」ということばをよく使います。色のトーンとは、色の3属性の明度と彩度によって決まります（JISでは、有彩色の明度と彩度による修飾語で表します）。

日常生活では、多くの場合、色の3属性で色を見るよりも色相とトーン、とくにトーンで色を見ています。たとえば、部屋のインテリアをパステルトーンでまとめるとか、今日の服装は淡い色のダークな感じでまとめてみるなど、色を決めるときにトーンを先に決めることが多いのではないでしょうか。配色においても、トーンを中心に考えるという手法はしばしば用いられます。

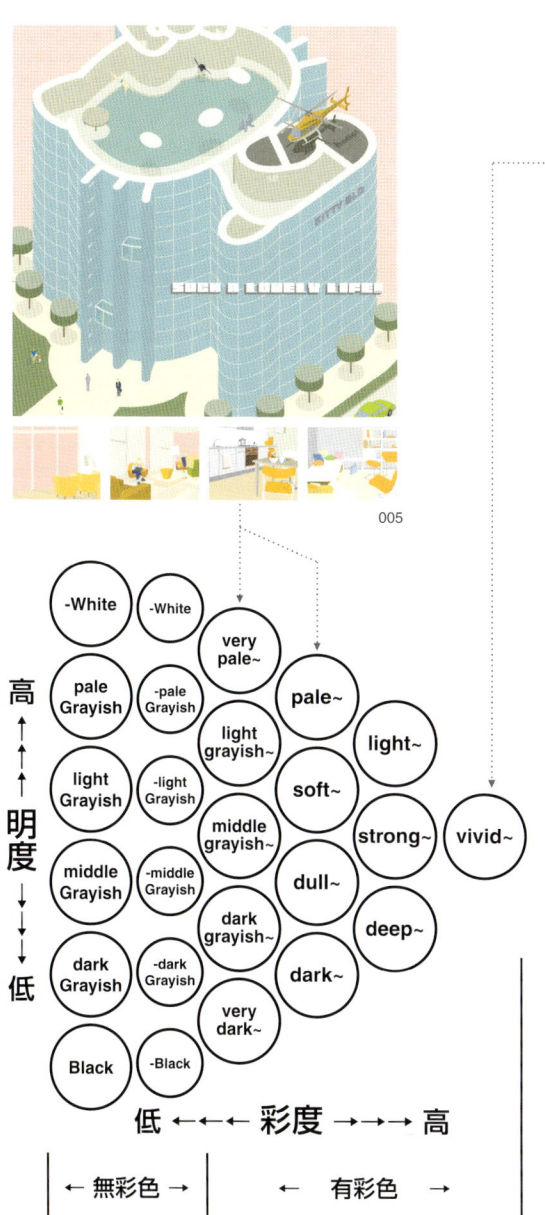

005

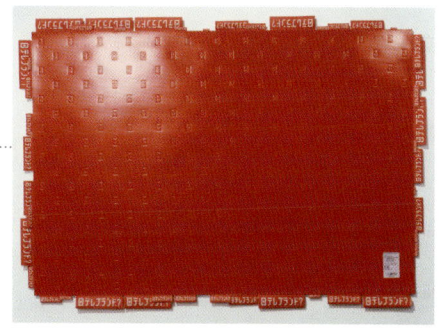

006

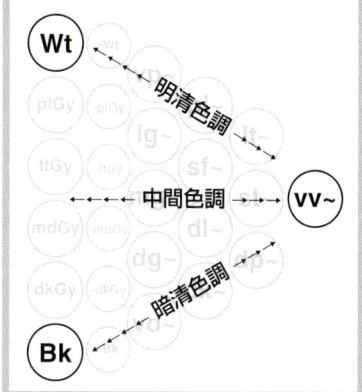

純色に白を混色してできるトーンを「明清色調」といい、純色に黒を混色してできるトーンを「暗清色調」といいます。また、純色にグレイを混色してできるトーンを「中間色調（濁色）」といいます。

●JISの色の表記

JISでは赤・黄などの基本色名（P.012）の明度と彩度による違いを、基本色名の前に修飾語をつけて、「鮮やかな赤（vivid red）」のように表します。表します。この修飾語をつけた色の範囲をトーンと呼ぶことが可能で、一般的にもビビッドトーン・ライトトーンなどとして使われています。

● JISの明度と彩度の関係

Introduction　色の基本を理解する

色の働きと機能

　色をその働きと機能で分類すると、機能を重視したものと、印象・感情に影響を与えるものに分類することができます。また、JIS（日本工業規格）では安全色として6色を規定しています。

● JISの安全色とその意味または目的

赤	防火・禁止・停止・高度の危険
黄赤	危険・航海、航空の保安施設
黄	注意、緑は安全・避難・衛生・救護・保護
青	義務的行動・指示
赤紫	放射能

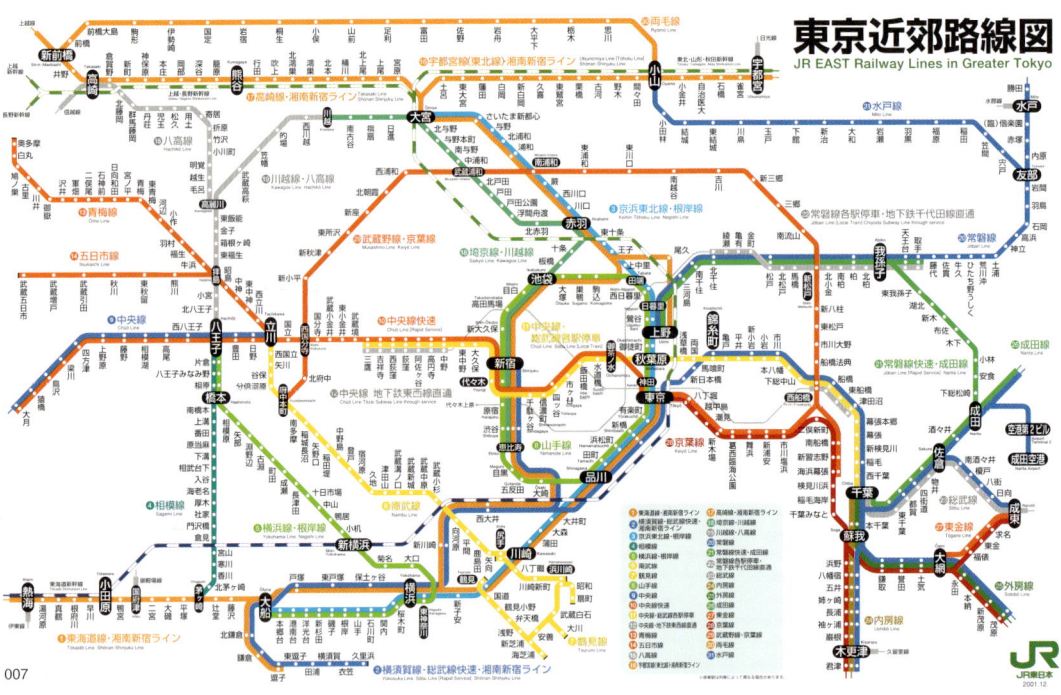

● 区分・区別する
路線の違い、チームの違いを色によって明確にします。

● 暗号の役割
文字を使わなくても、色や形によって内容を伝達することができます。

● 状態の表示
クリーム色のパンの生地が茶色になることで、パンが焼けたことを知らせてくれます。

● 目立たせる
鮮やかな色づかいで、楽しい雰囲気をアピールします。

● 目立たせない
自然界には、保護色を使って環境の色と同化することにより、他の動物から身を守る生きものがいます。

● 危険の告知
色と形によって、危険であることを知らせてくれます。

● 美しく見せる
口紅をつけることで、表情が明るく鮮やかになり、美しく見えます。

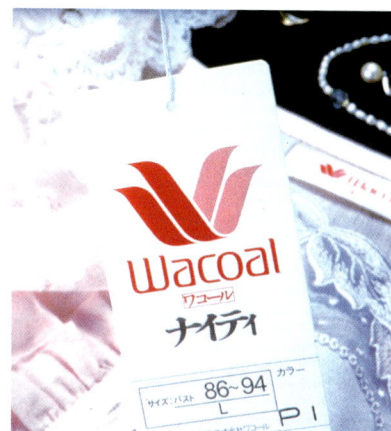

● イメージを表現する
柔らかなピンクと赤で、女性的なイメージを表現しています。

● 気持ちに影響する
海の色は神秘的で、落ちついた雰囲気にさせてくれます。

Introduction 色の基本を理解する

RGBとCMYK

RGBとCMYK

パソコンでグラフィック系のソフトウエアを使ったことのある人ならば、RGBとかCMYKといったことばを耳にしたことがあると思います。RGBは光の3原色である黄みの赤・緑・紫みの青の頭文字をとったもので、CMYKは色料の3原色のシアン・マゼンタ・イエローに黒を加えた4色です。

3原色

色を混色することでさまざまな色をつくることができますが、混色によってすべての色をつくることができる最小限の3色を3原色といいます。3原色の2色では、残った1色をつくることができない、という関係にあります。

加法混色

色光の3原色による混色のことを「加法混色」といいます。下の図のように色光の3原色をスクリーン上に投影すると、色光が重なった部分はもとの色光よりも明るくなり、3原色が重なった部分では白くなります。これは、混色することで光のエネルギーが合算され、混色後はもとの色よりも明るくなるためで、これを加法混色と呼びます。テレビ・コンピュータのCRTモニタ（ブラウン管）などでは、色光の3原色によってすべての色を表示しています。

減法混色

色料の3原色による混色を「減法混色」といいます。下の図のようにスポットライトのフィルタを重ねてスクリーンに投影すると、フィルタが光の波長の一部を吸収するために色は暗くなり、色料の3原色のフィルタをすべて重ねると黒になります。これは、混色によって光のエネルギーが減算されるためです。印刷（プロセスカラー印刷）では色料の3原色の混色ですべての色をつくりますが、黒がはっきりと表現できないために黒（墨版）を加えた4色で印刷しています。

 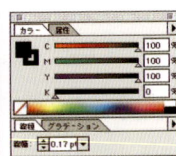 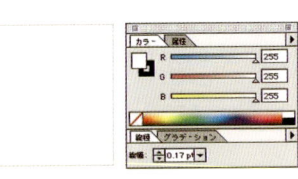

● Adobe Photoshopでのカラー設定、CMYKによる黒（左）とRGBによる白（右）

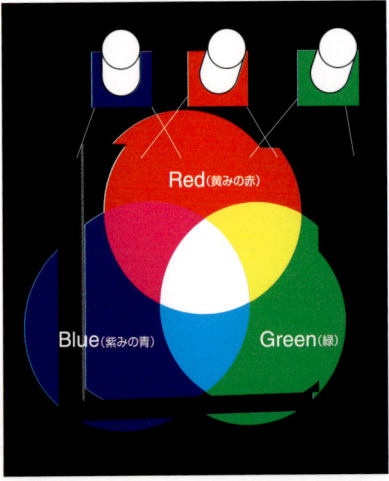

●**色光の3原色**
混色すると色は明るくなり、3色を混ぜると白になります。

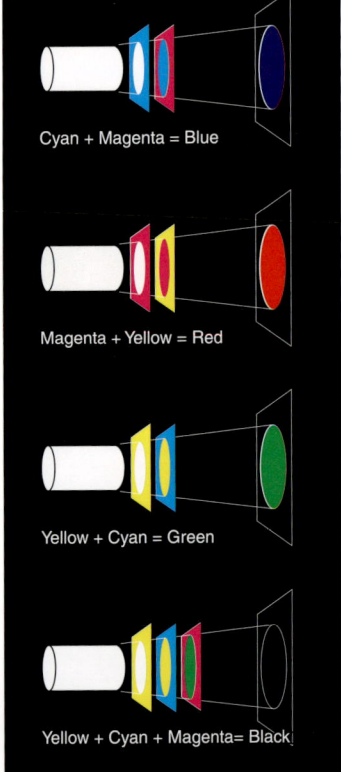

Cyan + Magenta = Blue

Magenta + Yellow = Red

Yellow + Cyan = Green

Yellow + Cyan + Magenta = Black

●**色料の3原色**
混色すると色は暗くなり、3色を混ぜると黒になります。

018

Part 1
デザインイメージの表現

Part 1 デザインイメージの表現
色のイメージ

イメージづくりに必要な属性

色はイメージ性が強く、絵画、グラフィック、ディスプレイ、商品、ファッションなど、あらゆるものの第一印象は、色で決まるといっても過言ではありません。それだけ色は重要であり、配色を考えるときには、表現する全体の色のイメージをしっかりと決める必要があります。

配色イメージを決めるときには、まず単色のイメージが強いもの、組み合わせによるイメージが強いものに大別できます。それらは、色の3属性、色相・明度・彩度の使い方によって決まってきます。

たとえば、寒・暖感は色相に関係するイメージで、寒色系・暖色系の色相による組み合わせで表現します。軽・重感は明度に関係するイメージで、色相・彩度に関係なく、明度の高い色の組み合わせは軽さを、明度の低い色の組み合わせは重さを感じさせます。また、興奮・派手さ・にぎやかさなどは、主に彩度に関係したイメージです。

このように、表現するイメージがどの属性に最も関係するかを把握しておくことで、色の選択がスムーズに運びます。

● **色相のイメージ**
色相によって、それぞれイメージが違います。

● **JISの明度と彩度によるイメージ**
明度と彩度の関係によって、色のイメージを表します。

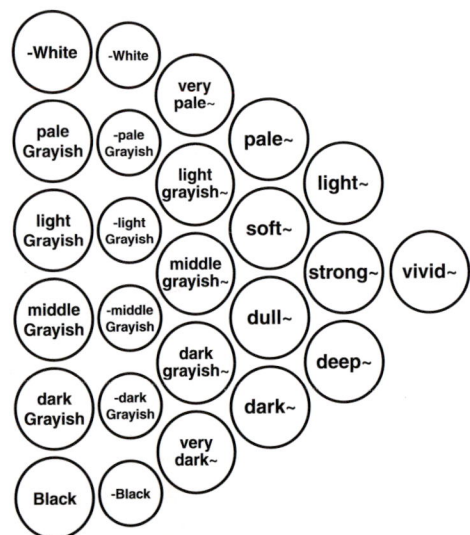

vivid~ （ビビッド）あざやかな・派手な

light~ （ライト）明るい・陽気な

strong~ （ストロング）強い・くどい

deep~ （ディープ）深い・濃い

pale~ （ペール）淡い・軽い

soft~ （ソフト）柔らかい

dull~ （ダル）くすんだ・鈍い

dark~ （ダーク）暗い・大人っぽい

very pale~ （ベリーペール）ごく淡い

light grayish~ （ライトグレイッシュ）明るい灰みの

middle grayish~ （ミドルグレイッシュ）灰みの・濁った

dark grayish~ （ダークグレイッシュ）暗い灰みの・重い

very dark~ （ベリーダーク）ごく暗い

色のイメージで視線をキャッチ！

人は色からさまざまなものを連想をします。連想には、赤からリンゴ、イチゴなどの具体的な事物を思い浮かべる具体的連想と、赤から情熱や興奮といった観念を意味することばを連想する抽象的連想とがあります。

これらの連想は商品などのパッケージの色彩計画に利用されています。コンビニエンスストアにオレンジジュースを買いに行くとしましょう。飲み物のケースに近づくと、文字は読めなくてもオレンジジュースがどこにあるかは一瞬にしてわかるはずです。緑茶、コーヒー、レモンティー、飲み物以外でも、イチゴ味やチョコレート味のお菓子、辛いお菓子なども簡単に見つけられます。これは具体的連想を利用した色の効果によるものです。食料品のパッケージは、原材料の色を使うことで、説明を見るまでもなくその製品の情報を伝えることに成功しているのです。

話題になった色たち

麻生 幾著の『ZERO』（上下巻）が発売されたとき、赤と緑の補色関係の2冊が書店で平積みされていた光景は、注目を集め話題になりました。また、事務用のイメージが強くオフホワイト、ベージュが主流であったパソコン業界に、カラフルな5色のiMacが登場したときにも、その斬新さに驚かされたものです。昨年は赤・青・黄のSMAPの広告が注目を集めました。このように、赤は絶大な効果を発揮することがあります。

● 1999年1月に発表された5色のiMac
それまでのパソコンの色の概念を打ち破った斬新な色が注目されました。

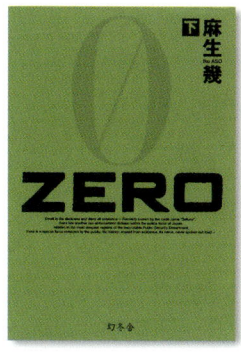 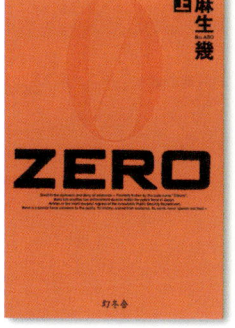

● 対比によって見え方を強く
2冊を並べて置くことで強い対比が生まれ、注目度が高くなります。

● 状態色で種類を明示
文字を見なくても紅茶の種類がわかるように、色によって区別されています。

● 強烈な3色配色
3原色に近い3色配色によって強烈な印象を与えます。

寒色系の色相配色で表現する

● グレイッシュなトーンは人工的な都市のイメージになります。

● 黒と寒色系で夜のイメージ
表現するモチーフを黒にすることで、シルエットのように見えます。明度が高めの寒色系の色を使うことによっても夜のイメージになります。

寒・暖感の表現

▶ 寒色系の主役は青
▶ 暖色系の主役は赤
▶ 中性色系の色で温度感が変わる

C-M-Y-K
R-G-B

寒・暖感は色の3属性の色相に最も深く関係しています。寒色系の代表が青、暖色系の代表が赤で、寒色系・暖色系の間にあるどちらにも属さない色相を中性色系といいます。

寒色系のイメージは「寒い」「冷たい」「暗い」などのイメージ、暖色系は「熱い」「暖かい」といったイメージをつくります。どちらも温度に関係があり、たとえば、寒色系の配色では、色相が黄みがかった緑（黄緑）を使うと暖かさが感じられる配色になります。これは黄が太陽の光をイメージさせるためで、暖色系でも黄に近いオレンジ系の色相を使うと、「熱い」から「暖かい」イメージへと、温度が和らいだ印象の配色になります。

暖色系の色相配色で表現する

● 情熱の色、赤
ビビッドトーンの赤は、人の感情を一番強く刺激します。人びとを興奮させ、脈拍を上げる色です。その赤も黄に近くなっていくと興奮も次第に落ち着いていきます。逆に青紫に近くなると妖艶な印象になっていきます。

■配色アイデア-1

100-30-0-0	100-50-0-0	80-40-20-0	100-80-20-0	100-60-20-0
5-113-176	10-80-161	55-106-146	12-32-113	9-63-127

■配色アイデア-2

40-10-0-0	20-5-10-0	40-15-10-0	55-5-0-0	40-5-5-0
153-196-222	204-224-215	153-184-197	116-193-219	154-206-216

■配色アイデア-3

80-30-0-0	20-10-0-0	100-50-0-0	50-20-0-0	100-60-0-0
55-126-184	203-213-232	10-80-161	128-166-206	12-65-154

■配色アイデア-4

80-5-10-0	20-5-0-0	100-55-0-0	55-5-0-0	100-55-25-0
52-168-189	204-224-238	11-73-157	116-193-219	9-70-124

■配色アイデア-5

10-5-0-20	50-20-0-20	50-30-0-25	65-30-0-20	25-10-0-25
184-187-195	102-133-165	100-111-148	73-109-152	143-158-172

● 寒色系でも夏を表現

「緑みの青」「彩度の高い青」に白を加え、となり合う色面のコントラストを高くすると、夏の空、海と強い太陽の光によってできる陰影のイメージが表現できます。また、シャープな形を要素として使うとより効果的です。

● 明度の高い寒色系の色は、健康的でさわやかなイメージになります。

寒色系・暖色系の区分

これは色相環を寒色系、暖色系、そのどちらにも属さない中性色系に分類した図です。ただし、となり合う色やトーンの変化、見る人の心理状態などのさまざまな要因で、その境界は変わります。

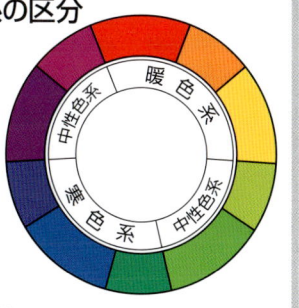

どちらが暖かそうに見えますか？

■配色アイデア-1

0-65-100-0	0-20-100-0	15-100-100-0	15-80-100-0	10-15-100-0
255-89-0	255-204-0	217-0-0	217-47-1	230-207-3

■配色アイデア-2

30-75-65-15	540-65-55-40	30-50-75-15	30-75-65-20	15-60-75-0
151-48-48	92-45-47	152-94-44	142-46-45	215-96-46

■配色アイデア-3

0-20-60-0	0-60-80-0	0-40-55-0	5-0-50-0	30-70-60-15
254-204-92	253-103-36	252-154-92	242-250-127	151-58-57

■配色アイデア-4

10-100-65-0	0-60-80-0	0-100-25-0	30-70-60-15	25-85-35-0
226-0-44	253-103-36	244-1-95	151-58-57	187-37-94

■配色アイデア-5

5-50-35-0	0-30-40-0	0-50-10-0	0-30-5-0	15-35-30-0
238-126-124	252-180-130	248-129-172	251-180-206	215-157-145

● 彩度を下げて落ち着いた優しい赤に

ライトトーン・ソフトトーン・ダルトーン・ダークトーンのように中彩度のトーンを使った配色では、ビビッドトーンの情熱的な赤とは印象が大きく変わり、落ち着いた優しい配色になります。ですが、さらに彩度を下げ、明度差のない配色にすると、色あせた暗い印象の配色になります。暖色系の多い食材では、それらの鮮度が低下したイメージを与えるので注意しましょう。

Part1 デザインイメージの表現

023

人の感情を刺激する配色

022

● 高彩度の赤は強い色

もののイメージは、色のほかに形や素材感によっても大きく変化します。しかし、人を興奮させる高彩度の赤は形・素材感に影響されることがほとんどありません。それだけ印象が強い色です。面積を大きく使えば、より見え方が強くなり、注目を集めることができます。

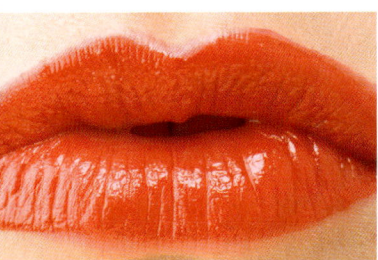

興奮・鎮静感の表現

▶ 興奮感は暖色系、鎮静感は寒色系
▶ 高彩度の興奮、低彩度の鎮静
▶ 鎮静感は自然の配色に学ぶ

C-M-Y-K
R-G-B

　興奮・鎮静感は色の3属性のすべてが関係しますが、とくに色相と彩度に関係があります。暖色系の彩度の高い色は興奮感を表し、寒色系の彩度の低い色は鎮静感を表します。
　寒色系でも緑系の色相は自然の植物を連想させ、鎮静感を最もよく表す色相といえるでしょう。興奮感を表す暖色系の彩度の高い色は、あまり使いすぎると低俗な、下品な印象を与えます。
　また、これらの色は時間の感覚にも影響を与えます。興奮感を引き起こす色彩をインテリアで使うと、実際にいた時間よりも長く感じられます。このような色彩を飲食店などのインテリアに使うとお客の回転を早くすることができます。

人の感情を和らげる配色

023

024

● 自然のなかの色は彩度が高くない

草原の赤い花、新緑の緑などの鮮やかな色は、じつは、絵具などと比較すると彩度はそれほど高くはありません。私たちは、彩度ではなく自然界の配色によって、鮮やかさを感じているのです。赤い花と葉や茎の緑との補色関係の配色、新緑の葉の緑とその陰がつくるコントラスト、それらが鮮明な印象をつくりだしているのです。

■配色アイデア-1

0-100-40-0	35-95-90-0	0-100-95-0	0-95-90-45	20-100-100-0
246-1-76	166-15-14	254-0-9	139-10-7	204-0-0

■配色アイデア-2

20-100-15-0	0-95-10-0	20-100-90-0	10-100-10-5	5-85-30-0
197-1-108	242-20-120	203-0-13	208-1-108	234-41-102

■配色アイデア-3

45-95-90-0	0-100-15-0	60-85-100-0	15-5-100-0	10-95-50-0
140-14-15	102-133-165	102-28-4	217-225-8	225-18-66

■配色アイデア-4

25-100-75-0	0-95-10-0	45-100-20-0	0-90-85-0	10-95-50-0
189-0-32	242-20-120	140-1-101	253-27-21	225-18-66

■配色アイデア-5

20-100-15-0	0-0-95-0	40-100-20-0	0-95-10-0	100-60-30-10
197-1-108	255-255-7	152-1-101	242-20-120	7-56-103

● **高彩度の寒色系を サブカラーに**

高彩度の赤系統の色を面積を大きく使い、赤と補色関係にある高彩度の寒色系の色をサブカラーとして使うことで、赤との強い対比が生まれ、赤の印象が強調されます。

鎮静感のある緑系統の代表的な色

竹は私たちの身近な存在であり、青みがかった緑は落ち着きや安らぎを与えてくれます。日本の伝統色名には、青竹色・若竹色・老竹色・煤竹色のように、竹の状態によってさまざまな色名があります。

■配色アイデア-1

40-0-15-0	80-15-0-0	30-0-10-0	90-40-10-0	60-15-0-0
153-216-201	54-152-197	179-226-216	32-101-158	103-169-207

■配色アイデア-2

40-15-45-0	20-0-5-0	25-0-50-0	80-5-0-0	60-10-40-0
153-181-127	204-236-232	191-228-127	53-170-205	103-174-139

■配色アイデア-3

30-0-5-25	65-15-35-0	25-0-50-0	40-10-15-0	0-5-30-0
134-169-170	91-160-143	191-228-127	153-195-192	255-242-174

■配色アイデア-4

60-10-40-0	0-0-40-0	25-0-20-0	0-15-40-0	45-0-35-0
103-174-139	255-255-153	191-230-195	254-217-142	141-208-158

■配色アイデア-5

30-0-60-0	35-0-15-0	15-0-5-0	0-5-30-0	0-25-5-0
179-222-105	166-221-203	217-241-234	255-242-174	252-192-211

● **清涼感は明度を高く**

明度の高い無彩色・緑系統の色を使うと、清涼感のある配色になります。

軽さのイメージを表現する配色

5-0-25-5 230-237-180	0-10-40-0 254-230-146	5-10-0-0 241-226-240	5-5-5-0 242-237-233
0-5-25-0 255-242-186	0-15-5-0 253-217-224	0-15-15-0 253-217-201	15-0-10-5 206-228-212
5-10-15-5 229-214-194	0-10-40-0 254-230-146	35-0-5-0 167-221-224	45-5-0-0 141-201-224
35-0-5-0 167-221-224	20-10-0-0 203-213-232	25-0-5-0 191-231-229	0-20-30-0 253-205-161
25-10-30-0 191-207-165	40-0-15-0 153-216-201	40-0-5-0 154-217-221	45-0-35-0 141-208-158
30-0-60-0 179-222-105	45-0-35-0 141-208-158	10-10-60-0 230-220-98	45-0-15-0 141-211-199
60-5-30-0 103-184-161	55-20-5-0 116-162-195	35-27-0-5 157-154-195	55-15-20-5 110-162-164

●暖色系を使うとかわいらしく

全体に明度を高くして暖色系の色相の割合を多くすると、軽やかでかわいらしい配色になります。

028

029

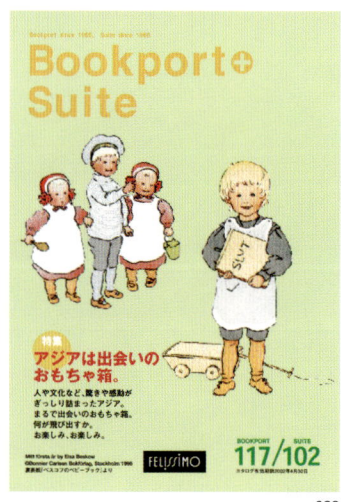

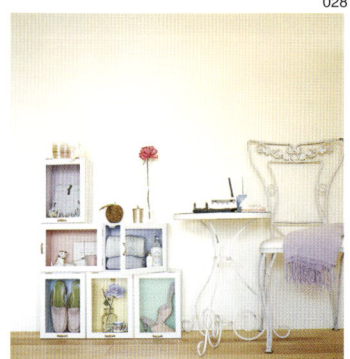

軽さ・重さの表現

- 軽・重感は明度で決まる
- 軽さはを強調しすぎるとあいまいで弱い配色になる
- 重さは伝統や高級感と共通な部分が多い

C-M-Y-K
R-G-B

軽・重感の感覚は色の3属性の明度に最も関係があります。明度の高い色は軽く感じ、明度の低い色は重く感じられます。明度を高くしたり、低くしたりすることは、同時に彩度を下げることでもあり、軽さを強調しようとして明度の高い色を使いすぎたり、重さを強調しようとして明度の低い色を使いすぎると印象が弱く不明瞭なものになります。

また、柔・硬感は軽・重感とほぼ同じイメージで、明度の高い色は柔らかく、明度の低い色は硬い印象を与えます。柔・硬感と軽・重感の違いは、形によって決まります。明度の低い色でシャープな形は硬そうに、明度の高い色で有機的・曲線的な形では柔らかく感じられます。

重さのイメージを表現する配色

35-35-80-0 166-140-49	40-45-80-0 153-115-47	55-40-70-0 116-117-68	20-20-5-50 101-94-104
60-60-85-0 103-75-36	50-68-100-0 127-63-9	65-60-50-0 91-75-88	100-60-0-0 12-65-164
75-50-80-10 59-76-45	90-45-55-0 30-87-91	50-70-90-0 127-60-23	60-80-90-0 103-37-21
65-90-75-0 91-19-36	70-65-95-0 78-60-21	85-65-25-0 46-60-119	95-60-50-0 21-62-88
80-70-85-0 53-49-34	75-75-45-0 69-45-85	85-60-30-0 45-68-116	75-70-50-0 68-53-82
85-75-65-10 38-37-52	80-70-75-10 48-45-43	95-70-75-10 17-40-44	95-70-75-10 17-40-44
90-70-80-0 28-46-42	95-70-75-10 17-40-44	75-95-85-10 59-10-19	90-60-10-50 17-34-71

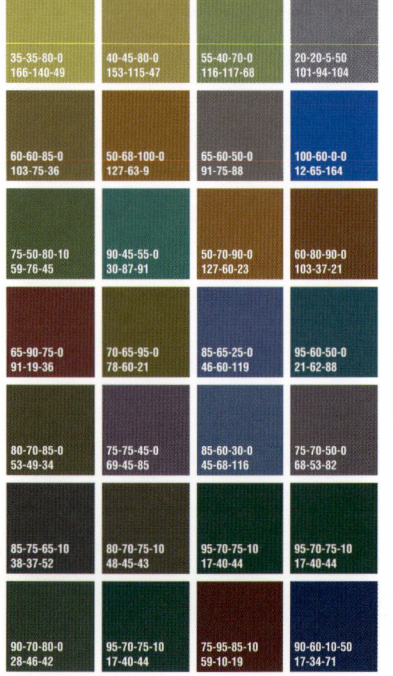

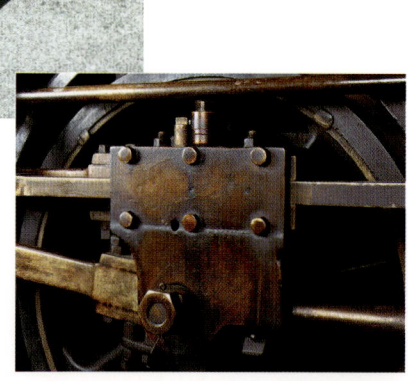

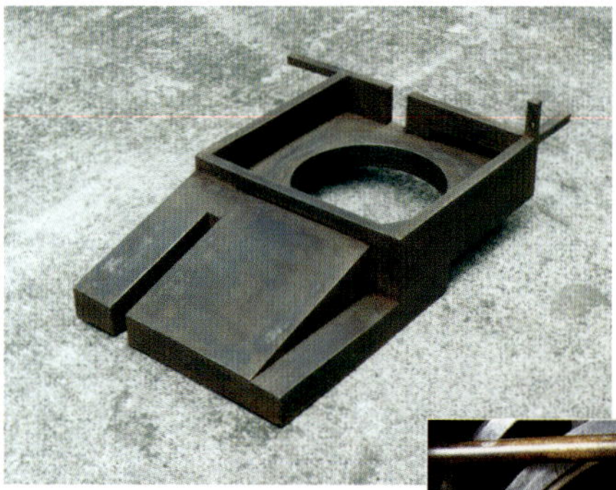

030

●鉄錆は重量感を感じさせる

多くの人が、鉄は重いというイメージをもっています。鉄が錆びた質感と明度の低い色を合わせると、よりいっそう重量感を感じさせます。

■配色アイデア-1

15-0-10-5	5-0-25-5	25-0-5-0	20-10-0-0	5-10-15-5
206-228-212	230-237-180	191-231-229	203-213-232	229-214-194

■配色アイデア-2

0-10-40-0	10-10-60-0	30-0-60-0	40-0-15-0	5-10-0-0
254-230-146	230-220-98	179-222-105	153-216-201	241-226-240

■配色アイデア-3

45-0-15-0	40-0-5-0	45-5-0-0	60-5-30-0	45-0-35-0
141-211-199	154-217-221	141-201-224	103-184-161	141-208-158

■配色アイデア-4

35-0-5-0	45-0-35-0	55-20-5-0	5-5-5-0	35-0-5-0
167-221-224	141-208-158	116-162-195	242-237-233	167-221-224

■配色アイデア-5

0-15-15-0	0-5-25-0	0-20-30-0	0-10-40-0	0-15-5-0
253-217-201	255-242-186	253-205-161	254-230-146	253-217-224

● 無彩色を多用してクールなイメージに

無彩色の割合を多くすると、クールで都会的な印象になります。

● 清潔感のある配色

白は清潔感のある色です。白を中心に明度の高い寒色系の色を使うと、清潔感のある配色になります。

影で変わる重量感

重そうな色の物体でも、影をつけて浮いたようすを表現すると、軽さを感じさせることもできます。

Part1 デザインイメージの表現

■配色アイデア-1

95-60-50-0	75-50-80-10	95-70-70-0	90-85-70-20	180-70-75-10
21-62-88	59-76-45	17-40-44	24-19-37	48-45-43

■配色アイデア-2

95-70-75-10	90-45-55-0	90-60-10-50	100-60-0-0	75-75-45-0
17-40-44	30-87-91	17-34-71	12-65-154	69-45-85

■配色アイデア-3

90-60-30-0	80-70-85-0	50-70-90-0	70-65-95-0	20-20-5-50
33-66-116	52-49-34	127-60-23	78-60-21	101-94-104

■配色アイデア-4

65-90-75-0	90-70-80-0	60-80-90-0	50-70-100-0	85-65-25-0
91-19-36	28-46-42	103-37-21	127-59-8	46-60-119

■配色アイデア-5

60-60-85-0	65-60-50-0	35-35-80-0	40-45-80-0	55-40-70-0
103-75-36	91-75-88	166-140-49	153-115-47	116-117-68

● 量感や重心の低さでも重く感じる

形がシャープなもの、丸みを帯びているものであっても、量感があり明度の低い物体は重量感を感じます。また、重心が低いと重量感を強調します。

元気・楽しさを表現する配色

● 動きのある構成で元気を強調
高彩度の色を使い、動きのある構成にすることで元気さを強調することができます。色数を多くする場合、背景に白を使うと、全体のイメージを明るくすることができます。

元気・楽しい にぎやか・派手

▶ 楽しさは暖色系の色相を中心に
▶ にぎやかさは多くの色相を使う
▶ 派手さはビビッドなトーンで

気分が高揚する暖色系の色相を中心に配色すると、元気・楽しい・にぎやか・派手といったイメージが生まれます。暖色系のなかで赤は人の感情を最も刺激する色ですが、色相が赤から黄に進むにつれて刺激がやわらぎ、緑系統の色相になると鎮静感などを与えます。

元気・楽しさは太陽光をイメージさせるオレンジ、黄から黄緑の色相を使います。また、感情を強調する場合には高彩度、感情を抑える場合は低彩度のトーンが適しています。

色相を多く使い、高彩度のビビッドトーンでまとめると、にぎやかさ・派手さを表現できます。また、小さな色面を増やし、密度のある配色にすることで効果が上がります。

にぎやかさ・派手さを表現する配色

● 暖色系を中心に色相の幅を広げる
暖色系の色相が多く、寒色系がサブカラーとして暖色系を引き立てているように配色して、色面を多くするとにぎやかさを感じます。

■配色アイデア-1

20-10-85-0	0-50-90-0	0-10-60-0	0-30-100-0	0-40-40-0
204-209-44	255-127-25	254-230-97	255-179-0	251-154-122

■配色アイデア-2

0-10-40-0	65-0-0-0	30-0-60-0	0-15-30-0	55-0-40-0
254-230-146	90-193-218	179-222-105	254-217-166	115-198-146

■配色アイデア-3

45-0-15-0	15-0-30-0	0-5-60-0	60-5-30-0	45-0-35-0
141-211-199	217-240-176	255-242-99	103-184-161	141-208-158

■配色アイデア-4

0-60-60-0	5-0-40-0	50-0-100-0	30-5-20-0	0-80-60-0
251-103-71	242-250-152	127-195-28	179-214-189	250-52-61

■配色アイデア-5

20-85-80-0	0-0-100-0	0-75-100-0	0-40-65-0	0-65-45-0
203-36-30	255-255-0	255-65-0	253-154-71	250-91-94

035

036

● 元気のもとは太陽光

動物も植物も太陽の光を浴びることで成長していくので、太陽の光をイメージするオレンジ色から黄のライトトーン中心の配色は元気な印象を与えます。

Part 1　デザインイメージの表現

■配色アイデア-1

0-40-95-0	95-10-0-0	80-50-100-0	100-0-80-0	20-100-90-0
255-153-14	19-149-193	51-80-22	0-141-84	203-0-13

■配色アイデア-2

25-95-70-0	0-10-90-0	90-55-100-0	35-0-65-0	95-70-5-0
189-16-40	255-230-25	26-67-22	166-216-95	27-50-141

■配色アイデア-3

5-45-0-0	80-70-85-0	60-0-10-0	20-95-0-0	25-0-45-0
236-159-196	52-49-36	103-197-202	196-18-132	191-228-138

■配色アイデア-4

85-55-80-0	0-10-5-0	85-85-30-0	15-0-30-0	0-100-75-0
40-71-49	254-230-230	47-26-98	217-240-176	201-0-26

■配色アイデア-5

45-85-100-0	60-0-50-0	75-90-95-0	100-0-0-0	0-100-15-0
140-31-2	102-191-127	64-17-32	0-160-198	242-1-108

● 高彩度の全色相を使って派手さを表現

使う色相の数が多ければそれだけ派手さは増します。そのなかで補色関係にある色を対比させると、いっそう派手さの印象が強くなります。

食欲をそそる配色

037

039

038

● 食品のパッケージは暖色系
赤と黄が中心の暖色系の配色で、彩度を下げずにコントラストをつけるのがポイントです。

おいしさを表現する配色

▶ 赤と黄の暖色系が基本
▶ 明清色調の緑系統は新鮮さを
▶ 彩度を下げるとまずそうになる

C・M・Y・K
R・G・B

食材をよく見ると暖色系・中性色系のものが多く、寒色系の色相はナスなどの一部の食材に見られる程度です。料理には冷たいものもありますが、温かいものが中心になるので暖色系の配色がおいしさのイメージにつながるのです。

暖色系のライトトーン・ペールトーンは甘さ、純色に白を混ぜてできた色である「明清色調」の緑系統は新鮮さの表現に適しています。また、食材を焼くことによって表面にできる茶系統の焼き色がおいしさを感じさせることから、ダークトーンの赤系統の色相などを加えてもおいしそうに感じる配色になります。

新鮮さ、甘さを感じる配色

● 新鮮さは緑系統の色
鮮度の状態が形色・形として表れるのが野菜です。明清色調のトーンを使うことで、鮮度のあるみずみずしさが表現できます。

■配色アイデア-1

0-100-90-20	0-10-15-0	50-75-100-0	100-0-80-0	0-15-40-0
203-0-10	254-230-206	127-49-6	0-141-84	254-217-142

■配色アイデア-2

60-20-85-0	0-10-60-0	0-90-100-0	0-15-40-0	0-60-100-0
102-149-53	254-230-97	255-26-0	254-217-142	255-102-0

■配色アイデア-3

0-50-100-0	25-100-75-0	0-10-50-0	0-100-90-20	0-95-90-45
255-127-0	189-0-32	254-230-121	203-0-10	139-10-7

■配色アイデア-4

0-10-50-0	50-0-100-0	0-0-100-0	15-10-85-0	0-0-60-0
254-230-121	127-195-28	255-255-0	217-215-42	255-255-102

■配色アイデア-5

30-85-95-0	20-20-65-0	0-5-30-0	0-0-0-0	50-75-100-0
179-34-11	204-187-83	255-242-174	255-255-255	127-49-6

● 緑をアクセントに
暖色系中心のなかで緑をアクセントに。補色配色で暖色系を強調しています。

色相・彩度を変化させるとまずそうに

色相を暖色系から寒色系に変化させるとつくり物のような感じになります。また、彩度を実物より下げると新鮮さが失われて見えます。どちらを見ても食欲はわきません。

Part 1 デザインイメージの表現

■配色アイデア-1

25-0-50-0	10-0-10-0	50-0-50-0	15-0-25-0	55-0-40-0
191-228-127	230-245-226	127-201-127	217-240-187	115-198-146

■配色アイデア-2

70-40-95-0	0-0-0-0	30-0-55-0	45-0-35-0	20-0-15-0
77-104-31	255-255-255	179-223-116	141-208-158	204-235-209

■配色アイデア-3

5-15-20-0	0-10-50-0	25-50-95-0	0-5-55-0	0-30-30-0
241-213-187	254-230-121	191-112-18	255-242-112	252-180-152

■配色アイデア-4

0-30-55-0	0-0-0-0	0-15-0-0	0-0-0-0	0-5-55-0
253-180-98	255-255-255	253-218-236	255-255-255	255-242-112

■配色アイデア-5

0-0-45-0	0-40-30-0	0-0-20-0	0-25-0-0	0-5-45-0
255-255-140	251-154-143	255-255-204	251-192-223	255-242-136

● ライトトーンで丸みのある形
甘さを表現するには、暖色系のペールトーン・ライトトーンを使います。形に丸みのあるものはより甘さを強調します。

031

女性の優しさをイメージする配色

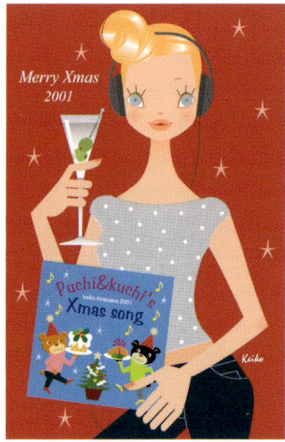

● 明度差の少ない配色で

暖色系の色相中心で、明度差の少ない配色は、優しさの表現に適しています。これは、男性的なイメージにも共通します。寒色系の色をサブカラーとして使うことで、暖色系の色を引き立てることもできます。

女性的・男性的なイメージの配色

▶ 女性は暖色系・男性は寒色系中心
▶ 女性の優しさは明度差の少ない配色
▶ 男性の強さは明度差のある配色

C-M-Y-K
R-G-B

女性・男性のイメージを表す場合、女性は暖色系、男性は寒色系という色相の違いを使って表現するのが一般的ですが、色相の変化だけでは寒・暖のイメージと同じになってしまいます。女性・男性をイメージするときには、具体的なモチーフを使うとよいでしょう。

たとえば、明度差の少ない柔らかなトーンでまとめると、色相に関係なく女性的でソフトなイメージになります。また、有機的な形態をデザインに使うと、より効果があります。コントラストを強くしてダイナミックな構成にし、グレイッシュなトーンを使ってまとめると、男性的なイメージになります。また、メタリックな質感もクールな男性をイメージさせます。

男性の強さをイメージする配色

● コントラストの高い配色で強い男性を

コントラストの高い配色は、強い男性のイメージになります。また、鏡面の金属質に似た配色はシャープで強い男性を、暖色系の色を使うと情熱的な男性のイメージが強くなります。

■配色アイデア-1

0-70-0-0	0-30-10-0	0-20-50-0	55-25-0-10	0-50-15-0
245-80-166	251-180-196	254-204-114	105-138-180	249-129-162

■配色アイデア-2

10-65-25-0	0-15-10-0	0-60-5-0	60-50-0-0	0-30-40-0
225-88-127	253-217-213	247-104-169	105-100-173	252-180-136

■配色アイデア-3

10-100-65-0	0-95-75-45	55-60-0-0	0-45-75-0	15-100-100-0
226-0-44	138-10-18	118-83-165	253-141-50	217-0-0

■配色アイデア-4

0-30-15-0	20-85-90-0	0-70-0-0	40-75-60-25	25-90-100-0
251-180-185	203-36-16	245-80-166	114-41-48	191-23-0

■配色アイデア-5

0-35-20-0	0-55-10-0	0-15-60-0	0-45-100-0	0-70-0-0
251-167-168	248-117-167	254-217-94	255-140-0	245-80-166

044

045

● 低彩度の色で落ち着きのある大人の女性を

低彩度の色を使うことで、落ち着きのある配色になります。また、ピンク系統の色は、かわいらしさを表現するのに適しています。

OLとビジネスマンのイメージ

このOLとビジネスマンのイラストでは、それぞれの基調色を暖色・寒色にすることで、女性・男性を明確にしています。

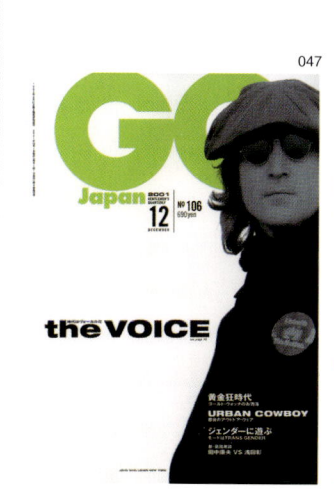

046

■配色アイデア-1

100-60-20-0	70-35-25-0	0-0-0-10	0-0-0-90	50-40-25-0
9-63-127	80-121-144	230-230-230	26-26-26	115-111-129

■配色アイデア-2

85-70-40-5	95-50-0-0	40-0-5-0	80-75-45-0	35-15-50-20
42-48-90	24-83-162	154-217-221	56-43-85	133-148-94

■配色アイデア-3

60-0-20-0	80-5-10-10	100-60-20-0	30-5-25-15	80-55-85-0
83-112-154	47-152-171	9-63-127	152-182-151	52-73-41

■配色アイデア-4

60-30-0-20	70-75-55-0	90-80-55-0	55-30-0-0	100-60-0-0
83-112-154	80-46-72	32-32-69	117-143-194	12-65-154

■配色アイデア-5

10-0-0-30	90-60-15-0	30-10-100-0	0-0-0-40	40-15-10-0
162-172-175	34-67-136	179-198-15	153-153-153	153-195-192

047

048

● クールな男性のイメージ

グレイなどの無彩色や低彩度のトーンを使うと、クールな男性のイメージになります。また、緑などの中性色系の色相を使うと、スノッブな雰囲気が漂う男性のイメージになります。

子どもらしいイメージの配色

●曲線的で単純なかたち
ペールトーン・ライトトーンの明清色調を使い、楽しさ・かわいらしさを演出します。形は曲線的で単純なはっきりとしたものが子どもらしさを表現します。

子どもらしさ 大人らしさ

▶ 乳幼児はペールトーン
▶ 都会的な大人はグレイッシュなトーン
▶ 仕事のできる男性は青をサブカラーに

C-M-Y-K
R-G-B

JISの慣用色名でベビーピンク・ベビーブルーという色があります。それらはペールトーンの赤と青のことで、乳幼児のほとんどがこの色の服を着ているころから、このような色名ができました。乳幼児から年齢が高くなるにつれて認識できる色も増えていきますが、初期の嗜好色は暖色系の赤・黄などのビビッドトーンで、年齢が上がるにしたがって寒色系を嗜好するようになります。このような色を使うと子どもらしい印象の配色になります。

大人らしさの代表はダークトーンです。そのなかで男性らしさ・女性らしさを表現する場合には、男性は青系統、女性は赤・ピンク系統の配色を使います。

大人らしいイメージの配色

●都会的な大人はグレイッシュなトーン
都会的な大人の雰囲気は無彩色に近いライトグレイッシュトーン・グレイッシュトーン・ダークグレイッシュトーンでまとめます。女性は赤から紫系統の色相はエレガントでシックなイメージに、茶系統はナチュラルなイメージになります。

■配色アイデア-1

0-15-5-0	0-5-40-0	25-0-15-0	15-0-30-0	40-0-5-0
253-217-224	255-242-149	191-230-207	217-240-176	154-217-221

■配色アイデア-2

95-50-0-0	0-5-75-0	65-5-30-0	0-30-65-0	0-70-0-0
24-83-163	255-242-63	90-179-160	254-179-76	245-80-166

■配色アイデア-3

55-0-95-0	20-0-15-0	0-45-100-0	0-10-100-0	65-5-30-0
115-190-41	204-235-209	255-140-0	255-230-0	90-179-160

■配色アイデア-4

70-0-65-0	0-0-45-0	85-35-0-0	30-0-55-0	55-30-20-0
77-178-100	255-255-140	45-114-178	179-223-116	116-141-160

■配色アイデア-5

0-90-95-0	0-65-30-0	0-20-50-0	0-80-35-0	0-30-10-0
254-26-10	248-91-121	254-204-114	247-53-99	251-180-196

053

● かわいらしさ、楽しさを

ライトトーンで色相は赤、黄、緑、青などはっきりした色を使うことで、かわいらしさ・楽しさを強調します。女の子はピンク系が好まれます。

慣用色名

動植物や鉱物などのもっている固有の色を固有色といい、固有色が普遍化して一般に使われるようになった色名を「慣用色名」といいます(P.118)。

054

055

■配色アイデア-1

45-30-30-0	75-40-20-0	0-0-0-10	0-0-0-90	100-60-20-0
140-147-145	68-109-147	230-230-230	26-26-26	9-63-127

■配色アイデア-2

40-85-30-5	70-85-95-0	25-60-0-5	10-50-30-0	45-80-50-0
144-33-95	74-25-13	178-90-163	214-117-126	68-36-75

■配色アイデア-3

40-75-60-25	0-5-30-0	85-70-40-5	0-50-75-0	75-50-55-10
114-41-48	255-242-174	42-48-90	228-115-44	60-79-79

■配色アイデア-4

35-15-50-20	0-0-0-10	30-5-25-15	30-5-25-25	55-25-0-10
133-148-94	230-230-230	152-182-151	134-160-133	105-138-160

■配色アイデア-5

45-50-50-5	50-40-25-10	55-65-75-5	30-35-60-0	60-50-30-5
133-98-90	15-111-129	110-64-46	169-138-82	99-92-120

● クールなビジネスマンは白とブルー系統の配色で

紺・ネイビーブルーなどの暗めの寒色系の色と、白・ライトグレイッシュトーンでコントラストを強くして、キリリとしたビジネスマンに。茶系統はダンディーさ、落ち着きのある雰囲気づくりに適しています。

056

Part1 デザインイメージの表現

035

スポーティーなイメージの配色

● スポーティーさは躍動感
寒色系を中心にした配色で、白をサブカラーにしてコントラストを高くすると、躍動感のあるさわやかな感じの配色になります。

スポーティーキュート

- スポーティーさは高コントラストで躍動感を
- 多色使いでカジュアルさを
- キュートさはピンク系統で

C-M-Y-K
R-G-B

スポーティー・キュートに共通するイメージは明るさとカジュアルさです。スポーティーは太陽の下でさわやかな汗を流しながらスポーツをしているイメージから、軽快で動きやすい運動向きの服装のことを形容していいます。黄系統から青系統の明清色調を中心とした配色です。

キュートはかわいいと同義語ですが、かわいいのなかでも、おもに女性に対して使われる場合が多いので、ピンク系統の明清色調を中心に配色を考えるとよいでしょう。

また、スポーティーな印象には直線的で動きのある構成、キュートな印象には曲線的でやわらかな印象の構成が適しています。

キュートなイメージの配色

057

● キュートさの主役はピンク系統の色
ピンク系統を中心にした配色は、子ども時代のあどけなさを残しつつ、大人の女性的なイメージも見え隠れする感じの配色になります。

● シンプルな形はキュートな印象を強調します。

■配色アイデア-1

100-60-20-0	0-5-40-0	75-0-20-0	0-0-0-0	100-85-0-0
9-63-127	255-242-149	65-180-178	255-255-255	17-25-135

■配色アイデア-2

0-5-75-0	100-65-0-0	0-0-0-0	85-40-0-0	75-10-0-0
255-242-63	13-56-150	255-255-255	45-105-174	66-166-204

■配色アイデア-3

85-0-75-0	30-5-15-0	90-50-15-0	0-10-100-0	15-25-50-0
40-159-87	179-214-200	33-84-143	255-230-0	216-179-111

■配色アイデア-4

0-0-40-0	20-100-90-0	0-0-0-0	85-50-0-0	20-5-15-0
255-255-153	178-0-37	255-255-255	46-87-165	204-223-204

■配色アイデア-5

0-50-95-0	0-75-100-0	0-20-50-0	0-0-0-0	0-5-50-0
255-127-13	255-65-0	254-204-114	255-255-255	255-242-124

● 暖色系でカジュアルな感じに

色相を暖色系中心の配色にするとカジュアルな感じになり、躍動感のある元気なイメージになります。

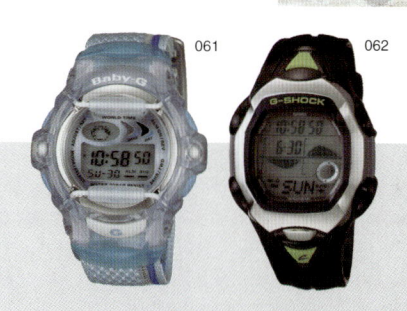

059
060 
061
062
063

■配色アイデア-1

0-40-10-0	0-30-35-0	0-55-10-0	0-15-20-0	0-50-15-0
237-184-195	239-200-190	225-155-177	247-228-207	227-154-177

■配色アイデア-2

0-70-0-0	25-0-5-0	25-100-70-0	0-25-0-0	5-100-0-0
218-124-169	211-231-240	172-0-68	241-212-226	198-0-126

■配色アイデア-3

20-100-90-0	10-5-30-0	0-100-20-0	0-10-35-0	0-65-0-0
178-0-37	237-234-197	204-0-113	251-235-187	220-134-175

■配色アイデア-4

0-70-0-0	0-35-15-0	0-25-25-0	0-70-25-0	0-60-0-0
218-124-169	236-193-184	242-210-189	217-122-144	223-145-181

■配色アイデア-5

0-70-0-0	40-100-60-0	70-85-95-0	10-100-0-0	25-95-70-0
218-124-169	151-0-79	107-69-42	192-0-126	174-48-72

064
065 

● 白に近い有彩色で活動的なイメージに

白に近い有彩色をアクセントとして使うことで、全体のコントラストが高くなり、キュートで活動的なイメージの配色になります。

Part 1 デザインイメージの表現

037

エレガントさを感じる配色

● 赤みの紫で女性的な優雅さを
赤みの紫には女性的な優雅なイメージがあります。彩度を下げるとシックな落ち着きのある感じになります。

エレガント
高級感

▶ エレガントさは紫系統の色を中心に
▶ 高級感は洗練された配色で
▶ エレガント・高級感は質感も重要

C-M-Y-K
R-G-B

エレガントとは優雅さであり、主に服装に対する修飾語として使われます。しかし、女性的でなめらかな曲線をもつ車・船などの優雅さを漂わせる形態の表現としても使われることがあります。色としては上品な女性のイメージから紫系統のダークトーンで、明度差のないコントラストの低い配色がエレガントな印象を与えます。

高級感は昔から受け継がれてきた伝統的なイメージを含みます。どちらかというと保守的な印象が強いので、ダークトーンなどの暗清色調（純色に黒を混ぜてできた色）にストロングトーン・ソフトトーン・ダルトーンなどの濁色系を組み合わせると高級感のある配色になります。

高級感を与える配色

● コントラストは強めに
高級感を表現するために彩度の低い色を使いすぎると、保守的でつまらない配色になります。コントラストの高い部分をつくり、光沢感と結びつけると全体が引き締まった高級なイメージの配色になります。

■配色アイデア-1

50-85-55-0	0-35-0-0	0-80-0-5	25-90-30-5	5-70-25-0
128-32-66	250-167-210	231-51-145	177-24-92	235-78-124

■配色アイデア-2

75-75-45-0	65-95-65-0	30-30-0-0	75-80-30-0	25-100-10-0
69-45-85	91-13-46	178-160-205	70-37-102	185-1-114

■配色アイデア-3

75-35-15-0	35-50-0-5	90-80-60-0	35-25-0-0	80-70-5-10
68-118-159	156-106-171	31-32-62	166-167-208	54-49-129

■配色アイデア-4

30-70-60-0	25-60-0-0	20-40-0-0	55-75-5-5	0-45-10-5
178-68-67	187-104-172	201-143-197	112-50-135	236-134-169

■配色アイデア-5

10-30-0-0	15-65-10-0	0-15-15-0	10-40-0-5	0-60-10-5
227-174-213	211-86-152	253-217-201	214-141-190	234-99-152

モーブ（mauve）──世界初の人工染料

紫系統の色は他の色相と比べて自然界に存在する割合が低く、染料をつくるのにも原材料が少ないうえ製作工程も多いので、とても高価な色でした。しかし、1856年にイギリス人のヘンリー・パーキンが合成染料のモーブを発明したことで、均質で安価な合成の染料・顔料ができるようになり、ファッション界をはじめ多くの分野で色の表現の幅が広がりました。

● 青みを帯びた紫は神秘的

青みを帯びた紫またはディープトーンの青を使った配色では、神秘的なイメージが強くなります。

Part1 デザインイメージの表現

■配色アイデア-1

85-70-45-0	20-20-5-50	75-50-80-5	55-55-70-0	25-55-95-0
44-50-88	101-94-104	62-80-48	16-88-61	191-102-17

■配色アイデア-2

85-60-30-0	0-0-0-90	65-75-80-0	0-0-0-20	90-55-10-45
45-68-116	26-26-26	90-46-37	204-204-204	19-42-80

■配色アイデア-3

25-40-100-0	40-20-75-20	0-15-50-60	15-25-58-0	65-45-80-0
191-135-8	123-134-53	102-87-47	216-179-111	90-99-51

■配色アイデア-4

25-40-100-20	30-0-10-5	0-15-100-60	80-70-35-0	80-55-50-0
153-108-6	170-214-205	102-87-0	57-53-102	55-77-91

■配色アイデア-5

75-95-95-0	45-95-90-5	0-0-0-30	60-70-0-30	70-60-85-30
64-11-11	133-13-14	179-179-179	74-43-108	55-49-26

● 密度の高いところと低いところをつくる

高級感は洗練されたデザインと、伝統的な職人技を兼ね備えた緻密なイメージがあります。密度に変化をつけることで、密度の高い部分がより緻密に見えてきます。

ナチュラルハーモニー

● 暖色系を明るく、寒色系を暗く
日が当たっている部分は黄に、陰は青紫に色相がシフトしたように見えます。

ナチュラル
ハーモニー

▶ 光が当たった色の状態
▶ ナチュラルハーモニーは黄を強く
▶ コンプレックスハーモニーは青を強く

C-M-Y-K
R-G-B

自然をイメージする配色を「ナチュラル配色」といいますが、海・山・森・草原などの自然界の配色にはさまざまな色の組み合わせがあり、一概にナチュラルな配色はこうであるとはいえません。しかし、太陽の光を浴びた物体がどのような色を見せているのかを観察すると、自然界に共通する配色が見えてきます。

光が当たった面はわずかに黄みを帯びて見えます。また、陰の面は青みを帯びて見えます。それぞれの色相が黄と黄の補色関係にある青紫に近く見えるのです。このことから黄に近い色相を明るく、青紫に近い色相を暗くすることで、太陽の光が当たっているような感じに見え、自然で見慣れた印象の配色になります。

コンプレックスハーモニー

● コンプレックスハーモニーにする場合

● 寒色系を明るく、暖色系を暗く
見慣れない、めずらしい感じのハーモニーになります。

■配色アイデア-1

80-0-100-0	0-5-55-0	85-65-25-0	0-35-100-0	85-55-85-5
51-160-44	255-242-112	46-60-119	255-166-0	38-67-40

■配色アイデア-2

0-0-100-0	20-5-80-0	80-50-70-5	0-45-75-0	95-80-60-0
255-255-0	204-220-56	50-78-62	253-141-50	21-31-62

■配色アイデア-3

90-40-90-20	40-15-95-0	60-30-95-0	0-15-90-5	0-5-80-0
21-72-35	153-177-30	102-129-32	242-206-23	255-242-50

■配色アイデア-4

0-25-100-0	80-70-75-10	10-95-100-0	0-45-100-0	90-60-90-0
255-191-0	48-45-43	230-17-0	255-140-0	27-60-34

■配色アイデア-5

0-40-15-0	0-95-50-0	80-50-70-5	0-10-60-0	95-5-85-0
250-154-173	248-19-67	50-78-62	254-230-97	18-138-72

● 太陽光による自然な配色
見慣れた光景ですが、太陽の光がつくりだす自然な色のハーモニーです。

● アルハンブラ宮殿の光と陰
「ピレネー山脈を越えるとアフリカである」といわれるように、スペインは日差しが強く、他のヨーロッパ諸国とは印象の異なる国です。光と陰によるコントラストが高く、見るものが力強く感じられます。スペインの「情熱的な国」というイメージは、こうした風土からもたらされたように思います。右の写真でも、日の当たっている部分は黄みを帯び、陰の部分は紫みの青に見えます。これほど明確に色相が変化が現れることはまれですが、私たちの見ているものは、このように太陽光によって色相が変化して見えるのです。

Part1　デザインイメージの表現

■配色アイデア-1

45-0-20-0	50-60-100-30	50-6-30-5	45-50-60-30	15-0-30-0
140-210-188	89-55-8	97-174-153	98-72-55	217-240-176

■配色アイデア-2

10-25-0-0	60-50-80-30	50-0-5-0	5-15-0-0	30-75-55-20
227-185-219	72-65-34	128-207-216	240-213-233	142-46-57

■配色アイデア-3

50-45-60-30	45-20-15-0	25-5-0-5	55-0-35-5	0-60-5-20
90-77-57	141-169-180	181-208-223	110-188-148	197-83-135

■配色アイデア-4

60-0-5-0	0-80-90-0	50-0-10-0	0-20-100-0	95-0-0-0
103-197-211	254-51-16	128-206-207	255-204-0	18-165-201

■配色アイデア-5

90-40-35-0	45-20-15-0	0-75-85-0	55-30-20-0	0-90-90-0
31-98-122	141-169-180	253-65-24	116-141-160	254-27-14

073

● 目を引くコンプレックスハーモニー
人工的な見慣れない配色であるため、普通との違いを強調するのに適した配色になります。

074

041

自然を感じさせるアースカラー

5-5-15-5 229-225-199	0-5-20-10 230-218-179	10-20-30-0 228-197-159	15-25-50-0 216-179-111
15-30-45-15 183-143-101	20-25-50-5 193-166-105	0-15-50-20 203-174-94	20-30-30-0 202-165-149
0-25-60-30 178-134-63	15-35-45-10 194-141-104	15-25-50-15 184-153-94	10-40-65-15 194-125-61
0-15-20-40 152-130-113	0-20-50-30 178-143-80	15-35-25-5 204-149-147	15-30-25-5 204-161-151
20-30-55-30 143-115-69	25-40-60-10 171-124-75	0-20-30-40 152-123-97	35-45-75-10 150-107-49
30-50-60-30 125-78-55	15-20-50-40 130-115-69	30-55-50-10 160-92-83	40-50-50-20 122-85-76
50-60-70-50 64-40-29	30-50-70-50 89-55-30	35-55-60-40 99-59-45	60-60-80-30 72-53-30

075

●大地の色・木の色
大地の色・木の色は低彩度の色で、落ち着きのある安らぎを与えてくれる色です。

076

自然な配色と都会的な配色

▶ 大地の色で落ち着いた配色に
▶ 自然の素材感を
▶ 活かす無機的な色で都会のイメージを

C-M-Y-K
R-G-B

　自然な配色は前項のナチュラルハーモニーが基本ですが、見慣れた配色であるために自然な感じを受けないこともあります。より自然を強調するときには、自然界の素材のもっている色を使うとよいでしょう。大地の色を「アースカラー」といいますが、これらの色を組み合わせることで、落ち着きのある自然な感じの配色をつくることができます。

　都会的なイメージの配色は無機的な感じの配色で表現できます。しかし、都会的なイメージも正と負のイメージがあり、正のイメージは「希望に満ちた明るい」感じ、負のイメージは「荒廃した暗いイメージ」感じで、それぞれ使うトーンが違います。

都会的なイメージの配色

0-0-0-10 230-230-230	10-0-5-5 218-233-225	0-5-5-5 241-230-224	20-5-5-0 204-224-226
10-5-0-20 184-187-195	20-5-0-5 193-213-225	20-10-0-5 193-202-220	35-25-0-0 166-167-208
0-0-0-40 153-153-153	15-35-25-5 204-149-147	25-15-0-20 152-157-170	75-35-15-0 68-118-159
45-20-0-30 99-120-146	40-20-20-40 92-104-103	30-40-55-40 107-81-56	10-0-0-55 104-111-112
30-0-0-60 72-91-95	20-5-35-60 82-89-63	20-0-0-60 82-94-97	10-40-35-50 113-74-66
0-0-0-70 77-77-77	35-35-50-50 83-71-52	85-60-25-0 45-68-122	80-70-5-10 54-49-129
30-50-70-50 89-55-30	60-60-80-30 72-53-20	50-60-70-50 64-40-29	40-70-50-70 46-20-25

077

● 希望に満ちた明るい都市のイメージ

●都市の正・負のイメージ
都市のイメージの基本は無機的な色、寒色系のグレイッシュなトーンですが、都市にも正・負のイメージがあります。正のイメージではサブカラー・アクセントカラーに暖色系のライトトーンを使うと明るく希望に満ちたイメージになります。負のイメージでは全体のトーンをより下げます。サブカラーも濁色系のダルトーンなどを使い荒廃した都市をイメージさせます。アクセントカラーに高彩度の暖色系の色を少量使うことで、対比により濁色系の色がいっそう濁って見えます。

078

● 荒廃した暗い都市のイメージ

042

■配色アイデア-1

15-35-45-10	0-20-30-40	5-5-15-5	15-30-45-15	20-25-50-5
194-141-104	152-123-97	229-225-199	183-143-101	193-166-105

■配色アイデア-2

30-50-70-50	35-45-75-10	0-15-50-20	20-30-55-30	60-60-80-30
89-55-30	150-107-49	203-174-94	143-115-69	72-53-30

■配色アイデア-3

15-25-50-15	30-50-60-30	10-40-65-15	0-5-20-10	15-20-50-40
184-153-94	125-78-55	194-125-61	230-218-179	130-115-69

■配色アイデア-4

50-60-70-50	0-15-20-40	0-20-50-30	35-55-60-40	0-25-60-30
64-40-29	152-130-113	178-143-80	99-59-45	178-134-63

■配色アイデア-5

30-55-50-10	15-35-25-5	25-40-60-10	40-50-50-20	15-30-25-5
160-92-83	204-149-147	171-124-75	122-85-76	204-161-151

● **ナチュラル志向は都市生活者が中心**
都市には強い色の配色が氾濫していて、自然の緑が少ないなどの理由から、ナチュラル志向の人がたくさんいます。トーンをグレイッシュにすることで洗練されたナチュラルな感じになります。

クスコの景観

世界遺産に指定されたインカ帝国の中心地クスコ（ペルー）は、周りの自然と共存した落ち着いたたたずまいを見せてくれます。

■配色アイデア-1

30-0-0-60	0-0-0-10	25-15-5-20	35-35-50-50	20-5-35-60
72-91-95	230-230-230	152-157-170	83-71-52	82-89-63

■配色アイデア-2

10-0-5-5	20-5-5-0	10-0-0-55	0-5-5-5	10-40-35-50
218-233-225	204-224-226	104-111-112	241-230-224	113-74-66

■配色アイデア-3

75-35-15-0	20-10-0-5	90-80-60-0	35-25-0-0	80-70-5-10
68-118-159	193-202-220	31-32-62	166-167-208	54-49-129

■配色アイデア-4

45-35-55-50	0-0-0-40	60-0-0-60	40-20-0-40	45-20-0-30
70-57-48	153-153-153	41-79-88	92-104-103	99-120-146

■配色アイデア-5

30-40-55-40	15-35-25-5	10-5-0-20	85-60-25-0	20-5-0-5
107-81-56	204-149-147	184-187-195	45-68-122	193-213-225

● **メタルな質感を加えシャープな都市のイメージに**
シルバーなどの鏡面の金属をグレイッシュなトーンと組み合わせることでシャープで洗練された配色になります。

Part1　デザインイメージの表現

伝統的な日本の配色

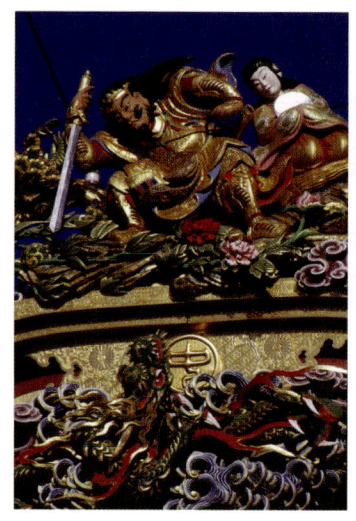

●祭事の飾りは高彩度の配色
お祭の山車などに見られる配色は、高彩度の色が多く使われています。

日本的なイメージの配色

▶ 低彩度の配色で詫び・寂びを
▶ ストロングトーンの配色で彩やかに
▶ 高彩度の配色で「晴れ」をイメージする

C-M-Y-K
R-G-B

　日本で伝統的に使われてきた色は、天然の染料や顔料によって染められたもので、現在使われている色と比べて彩度の低いグレイッシュなトーンの色が大半を占めます。これらは、詫び（わび）・寂び（さび）の文化に代表される色使いです。

　もちろん、紫系統や赤系統などで彩度の高い色もありましたが、色をつくるのに原材料が高価であったり、色をつくる工程が多い、高度な技術が必要であるなどの理由から高貴な色として一般の庶民が手にできない色でした。また、法のなかで禁色（きんじき）として身分によって使える色が決められていました。

現代にみる日本的な配色

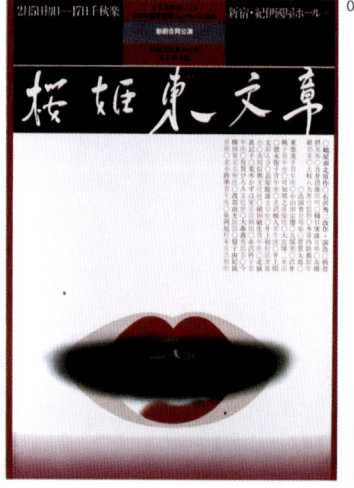

●グラデーションで日本的なイメージ
日本の伝統的な配色法であるぼかしの技法を使うことで、日本的なイメージを表現できます。

■配色アイデア-1

80-95-45-0	20-35-70-0	100-65-85-0	95-0-5-0	25-100-100-0
58-12-72	203-152-66	2-49-39	18-164-193	191-0-0

■配色アイデア-2

20-0-5-30	35-95-85-5	0-0-0-20	20-0-0-80	70-25-45-0
143-165-163	157-14-20	204-204-204	41-47-49	79-136-119

■配色アイデア-3

10-95-100-0	0-10-15-0	95-30-25-0	15-25-50-0	15-80-100-0
230-17-0	254-230-206	21-112-143	216-179-111	217-47-1

■配色アイデア-4

90-65-40-0	45-20-15-0	95-80-60-0	25-5-15-0	90-70-80-0
33-57-98	141-169-180	21-31-62	191-219-202	28-46-42

■配色アイデア-5

75-35-40-25	45-95-90-5	65-25-25-5	15-20-20-5	20-35-60-10
50-86-90	133-13-14	86-135-145	204-183-170	183-137-77

●「晴れ」と「褻」

「晴れ」と「褻」という相反することばがあります。「晴れ」は非日常的という意味で、現在でも「晴れ着」「晴れの舞台に立つ」などのように使います。反対の意味の「褻」ということばは現在ではあまり使われていません。

● 普段着の色づかい 　　● 晴れ着の色づかい

086

日本の伝統的配色

日本には四季それぞれの表情があり、昔から自然の色を服装に取り入れ、季節ごとに色の組み合わせを楽しんできました。十二単や襲の装束に代表される重ね着の習慣は配色と深い関わりがあります。配色法も淡から濃、濃から淡へぼかす暈繝彩色という日本の特徴的な技法もあり、現在も歌舞伎などの古典芸能のなかに、これら日本の伝統的な配色を見ることができます。ヨーロッパや東南アジアなどの諸外国と比較しても、日本ほど多くの配色を扱い、楽しんできた国は少ないでしょう。

087

■配色アイデア-1

20-0-5-30	40-45-80-5	0-0-0-20	45-35-65-5	30-0-5-25
143-165-163	145-109-44	204-204-204	133-127-74	134-169-170

■配色アイデア-2

75-40-20-5	25-30-55-15	75-55-85-10	50-40-35-25	70-60-40-40
65-103-139	162-136-84	59-69-36	96-92-95	48-44-62

■配色アイデア-3

25-15-30-10	70-30-25-5	70-55-60-75	55-40-30-5	80-55-40-0
172-176-145	75-123-140	20-20-19	110-114-128	55-78-106

■配色アイデア-4

30-55-45-5	45-35-55-10	15-25-50-10	65-55-70-5	40-30-0-10
169-97-95	127-121-87	195-162-100	86-78-59	138-138-181

■配色アイデア-5

10-30-0-10	35-50-75-10	80-55-55-10	0-10-5-20	30-0-5-25
204-157-192	149-97-47	49-69-76	203-184-184	134-169-170

● グレイッシュなトーンで都会的に

日本的な色づかいもグレイッシュなトーンにすることで、現代的なイメージに変わります。

088

Part 1　デザインイメージの表現

045

伝統的なエスニックカラー

●宗教に関わる色
タイやカンボジアなどの仏教の国では僧侶の衣服の橙色が特徴的で、他の配色にも反映されています。

エスニックなイメージの配色

▶ ストロングトーン・ディープトーンで
▶ 中国は赤・黄色が中心の配色
▶ タイ・カンボジアは僧侶の橙色

C-M-Y-K
R-G-B

　外国の気候や風土に根ざした文化のことをエスニックといいますが、日本ではおもに東南アジアを指します。歴史上、文明が栄えた中国（黄河文明）・インド（インダス文明）・メキシコ（アユタヤ文明）・ペルー（インカ文明）などの地域では、現在も当時の文化とともに色や配色も受け継がれています。

　使われているトーンはストロングトーン・ディープトーンが中心です。ビビッドトーンに比べると、やや彩度は低いですが、かなり強い色合いのものが多く見られます。少しくどさを感じさせるよう配色すると、エスニックな印象を与えることができます。ストロングトーン・ディープトーンの赤の使い方がポイントになります。

エスニックカラーを利用した配色

089

090

●グレイッシュなトーンで洗練されたエスニック
エスニックカラーをグレイッシュトーンまたはグレイにトーンをシフトすることで、洗練された都会のイメージが加わります。

■配色アイデア-1

| 65-90-95-0 | 30-85-85-10 | 85-85-60-0 | 15-30-85-5 | 30-5-65-15 |
| 89-18-12 | 161-31-21 | 43-25-59 | 205-158-35 | 152-179-78 |

■配色アイデア-2

| 30-25-85-5 | 0-100-75-45 | 10-50-80-5 | 20-0-0-80 | 70-25-45-0 |
| 170-157-40 | 138-0-18 | 217-116-38 | 41-47-49 | 79-136-119 |

■配色アイデア-3

| 70-85-95-5 | 20-50-80-0 | 55-90-70-5 | 0-90-95-0 | 20-70-75-5 |
| 74-25-13 | 203-116-41 | 110-19-41 | 254-26-10 | 192-67-41 |

■配色アイデア-4

| 15-90-70-0 | 10-0-85-0 | 20-90-80-10 | 0-5-60-0 | 0-95-0-0 |
| 214-25-43 | 230-244-43 | 183-22-26 | 255-242-99 | 241-20-134 |

■配色アイデア-5

| 25-90-100-0 | 0-60-10-0 | 0-0-100-0 | 15-90-70-0 | 90-0-5-0 |
| 191-23-0 | 247-104-161 | 255-255-0 | 214-25-43 | 27-169-196 |

091

● ストロングトーンで
エスニック感を

アジアの民族的な配色は、ビビッド
トーンよりも少し彩度の低いストロ
ングトーンが多く見られます。

国のイメージを表現する航空会社の配色

タイ航空機のカラーリングは、タイのエスニック的なイメージを表す色と形が使われています。航空機は国の顔として自国の国旗の色やイメージを表す配色になっていることが多いようです。

092

■配色アイデア-1

| 45-15-50 | 40-95-95-0 | 75-65-70-0 | 15-25-50-0 | 20-20-5-50 |
| 140-176-117 | 153-14-9 | 66-60-57 | 210-179-111 | 101-94-104 |

■配色アイデア-2

| 60-70-25-15 | 30-75-65-15 | 85-50-60-5 | 20-10-10-0 | 25-50-45-5 |
| 89-51-100 | 151-48-48 | 40-77-76 | 203-213-210 | 180-109-98 |

■配色アイデア-3

| 25-15-30-10 | 55-75-100-10 | 70-55-60-50 | 55-40-30-10 | 40-75-100-5 |
| 172-176-145 | 104-43-6 | 39-40-38 | 105-108-122 | 145-50-4 |

■配色アイデア-4

| 0-55-75-0 | 70-30-50-0 | 0-10-60-0 | 15-100-90-0 | 40-5-80-0 |
| 253-116-47 | 79-127-107 | 254-230-97 | 216-0-13 | 153-199-62 |

■配色アイデア-5

| 15-100-100-0 | 45-0-15-0 | 20-0-65-0 | 0-100-75-20 | 45-20-25-0 |
| 217-0-0 | 141-211-199 | 204-187-83 | 201-0-26 | 141-169-180 |

093

094

095

● 東南アジアの
明るさを強調

トーンをブライトトーン・ライトトーンを使うことで、東南アジアの南国の明るいイメージを強調できます。

Part1 デザインイメージの表現

047

ヨーロッパ的なアンティーク

● ヨーロッパの伝統的な高級感
低彩度・中彩度の色にゴールドを加えることで、伝統的な高級感のイメージになります。

アンティークな イメージの配色

▶ 暖色系中心の配色に
▶ 低・中彩度のトーンが中心
▶ 形の密度が高い配色に

C-M-Y-K
R-G-B

アンティークは古いものであると同時に伝統的なものでもあります。落ち着いた雰囲気を出すトーンは、ライトグレイッシュトーン・ソフトトーン・ダルトーンなどの濁色系のトーンが中心の配色で、同一トーンや類似トーンでまとめている場合が多く、色相差を感じさせない配色になっています。

テキスタイルや刺繍に見られるように、色よりも模様などの形に特徴があり、それらを見せるために色づかいは控えめに抑えています。

アメリカ的なものは、ヨーロッパ的なものに比べて洗練されたイメージはなく、明度差のある明快な配色が特徴です。

アメリカ的なアンティーク

● 日常的イメージの配色
ヨーロッパ的な洗練されたイメージはなく、アースカラーを中心とした明快な印象のものがよく見られます。

配色アイデア-1

5-5-5-10	0-15-20-0	15-10-30-5	35-30-60-15	25-70-45-25
218-214-210	253-217-189	205-205-156	141-130-76	141-53-67

配色アイデア-2

50-55-20-10	30-50-80-0	30-25-50-5	0-20-10-0	25-15-15-0
116-84-126	179-110-43	169-159-105	252-205-207	191-196-192

配色アイデア-3

10-25-45-0	10-25-45-10	0-30-80-0	0-50-25-0	0-75-60-25
229-184-122	206-166-110	254-179-43	225-116-129	188-49-48

配色アイデア-4

50-40-40-40	20-70-40-15	25-30-45-0	0-35-0-0	25-20-80-5
77-73-71	171-61-84	190-161-118	250-167-210	181-172-50

配色アイデア-5

10-20-40-0	10-10-50-0	45-25-0-0	35-30-60-20	0-75-75-15
229-196-137	230-221-121	141-160-203	133-122-71	215-56-34

● ヴィクトリア朝の配色
花をモチーフにしたものが多く、彩度の低い背景に、彩度の高いモチーフを配しています。全体に落ちついた雰囲気ですが、そのなかに華やかさも併せもっています。

ウイリアム・モリス

ウイリアム・モリス（1834〜1896）は産業革命全盛のイギリスのヴィクトリア朝時代に活躍したデザイナーで、近代デザインの創始者といわれています。彼は植物などの自然界のモチーフを題材にテキスタイル・ステンドクラス・家具や書籍などのデザインを手がけました。彼のデザインは、のちのアール・ヌーボーへと受け継がれていきます。

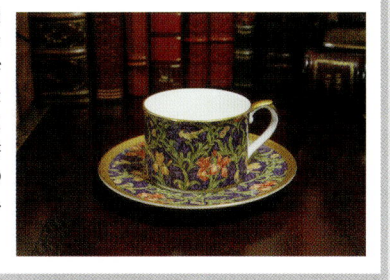

配色アイデア-1

40-60-55-40	0-5-30-0	65-45-10-0	0-10-15-0	30-75-65-15
92-51-48	255-242-174	93-106-161	254-230-106	151-48-48

配色アイデア-2

30-25-55-10	30-75-65-15	0-10-5-0	15-10-30-0	15-30-55-5
161-151-91	151-48-48	254-230-230	216-217-167	205-160-93

配色アイデア-3

30-75-65-15	55-75-100-10	0-15-40-0	80-70-75-0	40-60-55-40
151-48-48	104-43-6	254-217-142	53-50-48	92-51-48

配色アイデア-4

60-40-30-15	0-10-20-0	60-70-25-10	5-10-20-0	45-95-90-20
88-99-114	254-230-194	95-54-106	241-226-192	112-11-12

配色アイデア-5

0-35-0-0	40-75-65-15	60-50-50-40	5-0-20-0	60-50-60-15
250-167-210	130-46-48	62-57-57	242-250-202	88-81-67

● アメリカ的なパッチワーク
全体の彩度は低いものの、構成が単純化されていて明度差があるため、明快な印象の配色になっています。

SD法

SD法は、企業のイメージや色のイメージなどを評価する方法のひとつで、さまざまな分野で活用されています。重い・軽い、大きい・小さい、寒色系・暖色系など、反対の意味をもつ一対の形容詞の間に尺度をつけて評価し、イメージや嗜好などの調査に役立てます。

デザインを考えるときは、まず全体のイメージを決めてから作業に入ります。ですが、実際に作業をはじめると、抽象的なイメージを具体的にどのような配色にしたらよいのか悩んでしまう、といったことがよくあります。

そのようなときにSD法(semantic differential method)を使うと、抽象的なイメージをことばに置き換え、具体的な配色イメージに変換することができます。つまり、配色を決めるときの方向性を、SD法よって具体化することができるのです。

また、デザインのためのリサーチにおいても、ターゲットとなる対象の性別や年齢ごとの嗜好性を探るときに、活用することができます。

SD法の使い方

まず対になるいくつかの項目を決め、評価することばのイメージを5段階で評価していきます。すると、そのことばのもつイメージが、どの項目に一番関係が深いのかがわかります。その項目を中心に配色を考えることで、イメージを理想的に配色していくことができるのです。

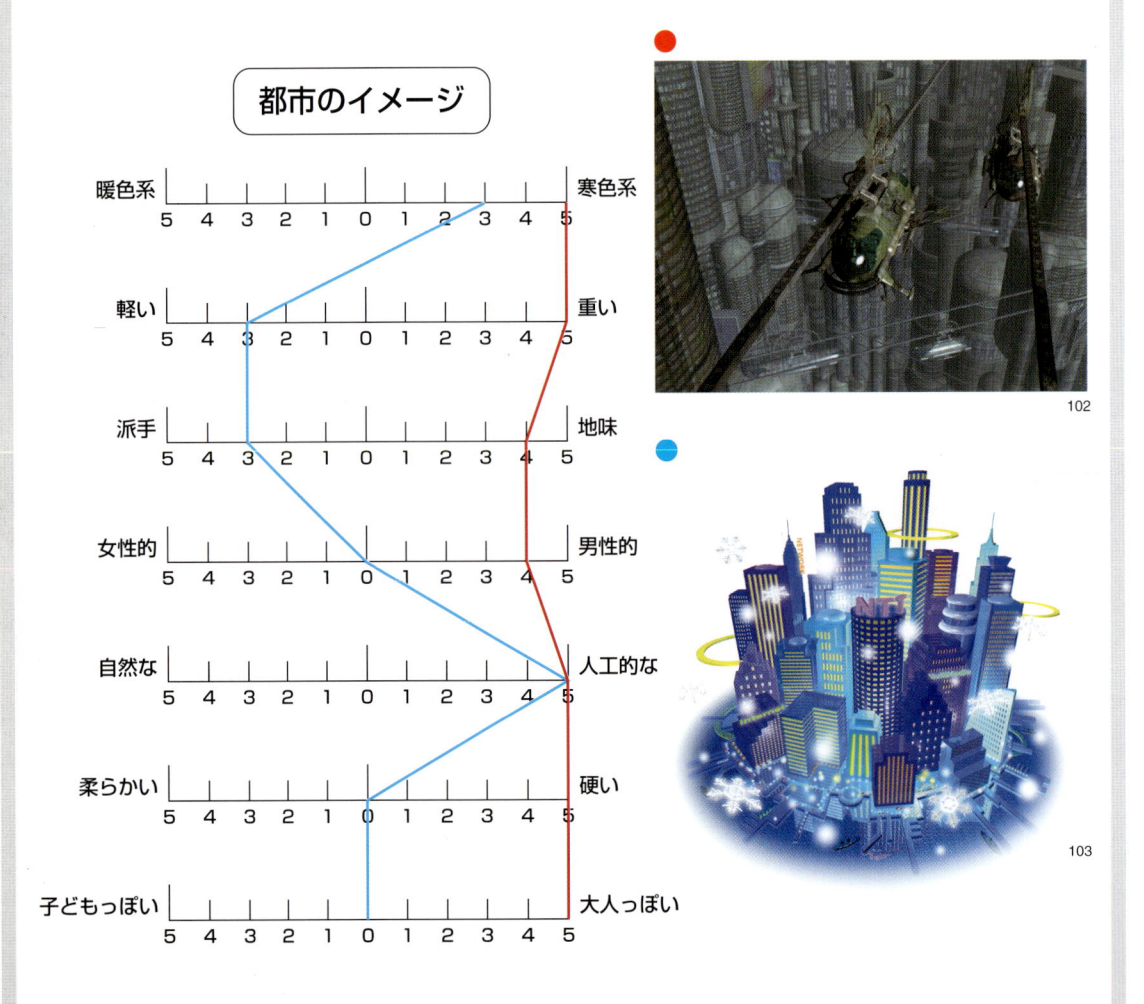

都市のイメージ

暖色系	—	寒色系
軽い	—	重い
派手	—	地味
女性的	—	男性的
自然な	—	人工的な
柔らかい	—	硬い
子どもっぽい	—	大人っぽい

COLUMN 001

Part 2
色彩計画にあたって

明度差をつけて強調する

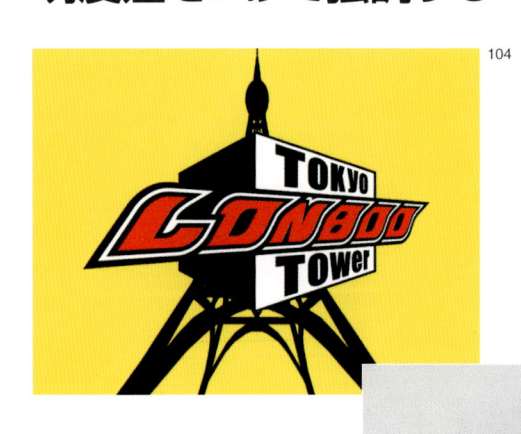

● 強調する場合は形を単純に
ものを強調して見せるときは、できるだけ形を単純にします。形が複雑すぎると全体の印象が弱くなることがあります。形が複雑なときは色の対比を弱める部分をつくり、メリハリを出しましょう。

明度関係で決まる優先順位

▶ 強調するときには明度差をつける
▶ 明度差で立体表現ができる
▶ 明度差を抑えてぼかしの効果を

C-M-Y-K
R-G-B

デザインするときには、まず最初に伝達する情報の順位を決めます。たとえば、イメージを優先させるか、文字情報を優先させるかによって、デザインや構成が変わってくるからです。

作品全体が強いデザインのものもあれば、部分的に強調されているものなど、そのときのイメージによっても違いますが、優先させるものが強く見えるように構成や色について考えていきます。

色の3属性のなかで、見え方の強さに最も深く関係しているのは明度です。図と地の関係でコントラストの強い組み合わせは強い対比を生み、最も強く見えるようになるのです。

明度差を抑えた配色

● グラデーションに似た配色
明度差を抑えると見え方が弱くなり、「グラデーション」や「ぼかし」に似た効果が得られます。

■明度関係の違い1／文字のみを強調する

■明度関係の違い2／犬とその上の文字を強調する

■明度関係の違い3／文字を強調し、犬・猫も見える

■明度関係の違い4／猫とその上の文字を強調する

■明度関係の違い5／同明度で色相が違う場合の見え方

図と地の関係

形として見えるものが「図」

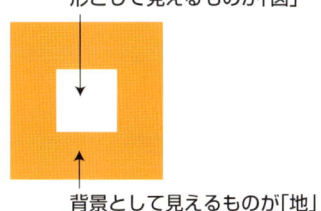

背景として見えるものが「地」

■明度関係の違い1

■明度関係の違い2

■明度関係の違い3

■明度関係の違い4

図と地が同明度の色のとき、形がひとつになって見えることがあります。明度差を抑えた配色では、色を見る条件によっては、予想した形と違うものが見えることがあります。

● 陰を強調
光の当たっている部分と陰の部分を、色の明度差で立体的に表現すると、力強いインパクトのある配色になります。

● 見え方を複雑に
全体的に彩度が高い色相を使ったときは、にぎやかに見えると同時に、見えてくる形の印象が変わってきます。

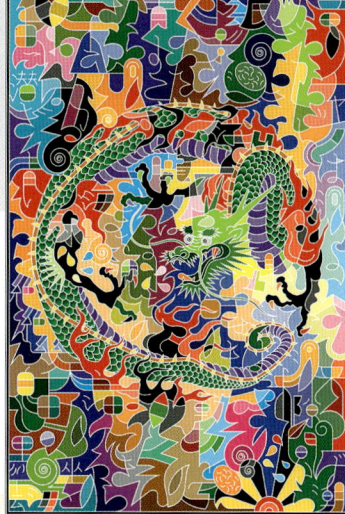

● ソフトなイメージに
彩度が低めで色相差も少ない場合は、おとなしいイメージの配色になります。

視認性の高い配色

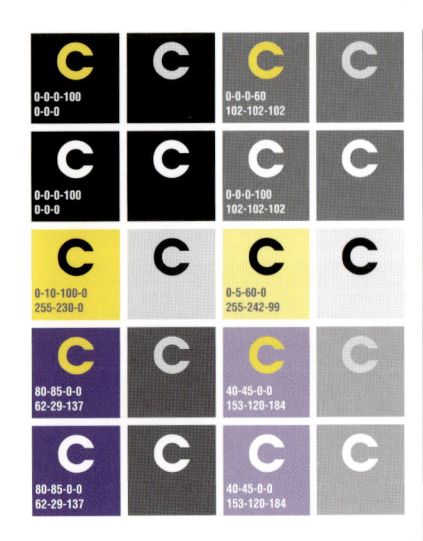

一番左の縦の列は、上から視認性の高い順に並んでいます。その右はそれらの色を明度差で表現したものです。明度差が同じであれば、高彩度の色を使っているほうが視認性は高まります。左から3列目は1列目の背景色の明度を低くしたものです。明度差がなくなると視認性が低くなることがわかります。

● **視認性の最も高い配色**
地が黒で図が黄のとき、最も視認性が高い配色になります。

視認性を高める配色

▶ 明度差がある配色は視認性が高い
▶ 明度差+高彩度で さらに視認性アップ
▶ 視認性の低い配色でソフトなイメージに

C-M-Y-K
R-G-B

見えやすいこと、目立つことを「視認性が高い」といいます。配色での視認性の高さは明度関係で決まりますが、最も視認性の高いのは、地が黒で図が黄色、2番目は地が黄色で図が黒という配色です。これは工事現場で目にするタイガーロープ（黒と黄色の縞になっている）、道路標識や救急車など、危険の告知に使われることが多い配色です。それ以外にも書籍、広告、サインなどあらゆるところで見ることができます。

視認性を抑えた配色は、ソフトなイメージを優先させる場合に使われます。目的に応じて視認性の高さを決めていくとよいでしょう。

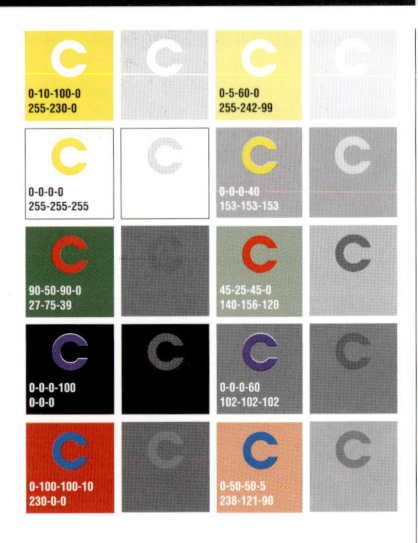

視認性の低い配色

一番左の縦の列は、上から視認性の低い順に並んでいます。その右はそれらの色を無彩色で表現したものです。左から3列目は1列目の背景の明度を高くしたものです。そのことで明度差ができ、1番左の列よりも見え方は強くなっています。ただし、一番上の行は図の色が白なので、見え方はより弱くなります。

● **中性色系の色相は視認性が低い**
中性色系の色相を使った場合は、明度差があっても、黄などと比較して高彩度でも色の印象が弱いため、視認性はそれほど高くはなりません。

054

■視認性の高い配色-1

COLOR

■視認性の高い配色-2

COLOR

■視認性の高い配色-3

COLOR

■視認性の高い配色-4

COLOR

■視認性の高い配色-5

COLOR

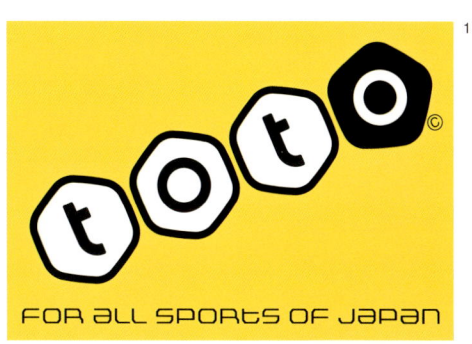

112

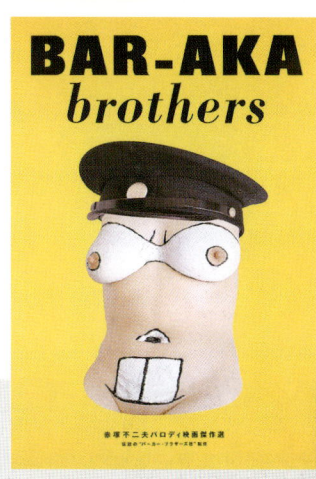

● 視認性の高い配色
地が黄で図が黒の配色は、全体が明るく視認性の高い配色になります。

113

繁華街の配色

視認性の高い配色を使いすぎると、繁華街や電気店街の町並みのように、にぎやかで好奇心をそそる反面、どれも同じように主張しあってしまい、情報は伝わりづらくなります。

■視認性の低い配色-1

COLOR

■視認性の低い配色-2

COLOR

■視認性の低い配色-3

COLOR

■視認性の低い配色-4

COLOR

■視認性の低い配色-5

COLOR

● 彩度が低いと視認性も低い
明度差があると、見え方が強く視認性も高くなりますが、低彩度の色を使うと、明度差があっても視認性は高くなりません。ソフトで落ちついたイメージをつくるときには有効です。

114

● 色を複雑に
明度差がないと、離れて見たときには、色が混色したように複雑な色みに見えます。

Part 2 色彩計画にあたって

055

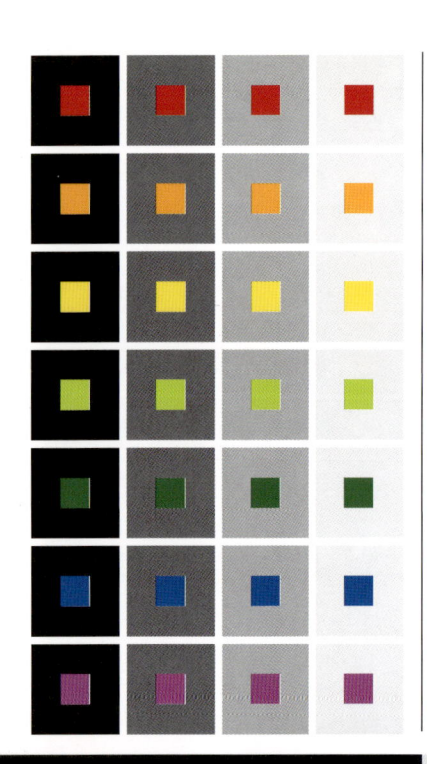

誘目性の高い色を使った配色

● 注目を集める赤と黄の配色
高彩度の暖色系で図と地の関係をつくるときに、最も明度差のある組み合わせは赤と黄です。マクドナルド以外でも食品関係の企業のサインやパッケージに多く使われています。

誘目性を高める配色

▶ 誘目性の最も高い色は赤
▶ 暖色系の高彩度の色も高い
▶ 寒色系の低彩度の色は最も低い

C-M-Y-K
R-G-B

　配色によって視認性を高めることができますが、もともと人の注目を集めやすい色があります。そうした色のことを「誘目性の高い色」といいます。誘目性の高い色は、赤を中心に彩度の高い暖色系の色で、彩度の低い寒色系や無彩色系の色は誘目性が低くなります。
　誘目性の高い色は、面積が大きくなるほど周りの環境へ与える影響が大きくなります。環境のなかでデザインする場合は、景観を壊さないように、面積の大きい部分には誘目性の低い色を使うとよいでしょう。たとえば、観光客の多いパリのシャンゼリーゼ通り一体は、色の規制が厳しく、企業のロゴなども誘目性の低い色に変更されています。

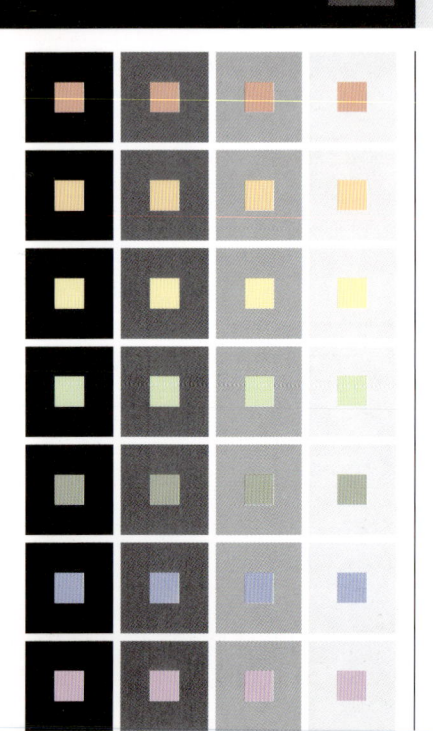

誘目性の低い色を使った配色

● 鶴のマークがわからない
左の写真は日本航空のパリ支店の入口です（1990年撮影）。日本航空のマークは白地に赤の鶴で、とても視認性の高い配色でしたが、ここでは白地に金色の視認性が非常に低い配色になっています。パリのなかでもとくに色の規制の厳しいエリアにあったために、マークも色を変更しているのです。下のマクドナルドも同様です。

■誘目性の比較 (図が高彩度)-1

■誘目性の比較 (図が高彩度)-2

■誘目性の比較 (図が高彩度)-3

■誘目性の比較 (図が高彩度)-4

■誘目性の比較 (図が高彩度)-5

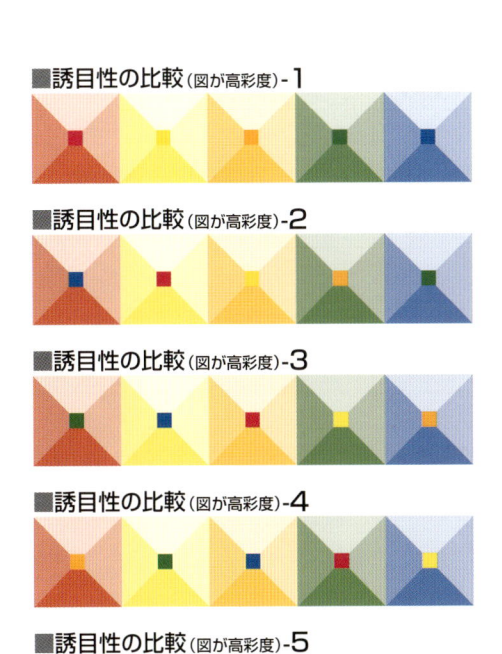

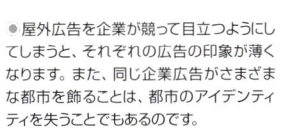

● 屋外広告を企業が競って目立つようにしてしまうと、それぞれの広告の印象が薄くなります。また、同じ企業広告がさまざまな都市を飾ることは、都市のアイデンティティを失うことでもあるのです。

寒色系の誘目性は面積によって大きく変わる

背景の明度が高い場合に、色の性質は面積が小さくなるにつれて失われていき、明度の低いグレイに見えてきます。とくに寒色系の色は暖色系の色よりも色の性質が早く失われてしまいます。

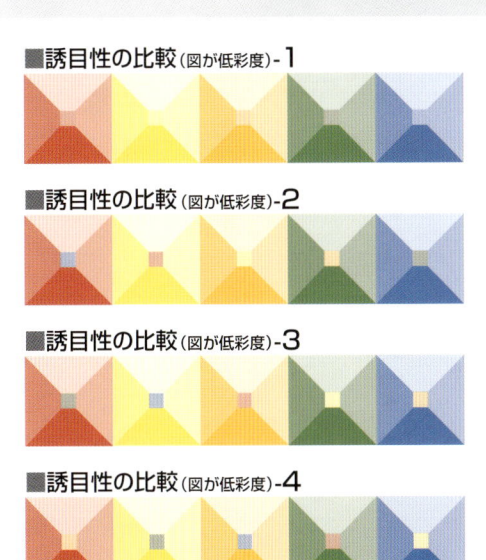

■誘目性の比較 (図が低彩度)-1

■誘目性の比較 (図が低彩度)-2

■誘目性の比較 (図が低彩度)-3

■誘目性の比較 (図が低彩度)-4

■誘目性の比較 (図が低彩度)-5

● コントラストが高くても都市環境のなかでは見え方が弱い

企業名は白黒でコントラストは高いのですが、建物の形態に凹凸があるので、そのなかに紛れてしまい注意して見なければ気がつきません。

Part2 色彩計画にあたって

色相が似ていてトーン差のある配色

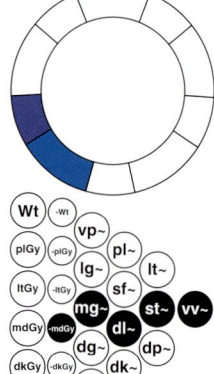

115

● 彩度差のある配色
全体の暗さを強調するために、明度の差をつけず、彩度に変化をつけて配色しています。

色に共通性をもたせる

▶ 明度差の少なさは彩度で変化を
▶ 類似色相では明度差でコントラストを
▶ トーンをそろえて色相を広げる

C-M-Y-K
R-G-B

配色にはある種の統一感が必要です。色をなじませすぎると統一感は出ますが、おもしろみに欠けることがあります。逆に対比させすぎると統一感がなくなります。なじませる部分と対比させる部分をイメージに合わせて、どこでバランスをとるのかが重要なポイントになります。

色の3属性の色相・明度・彩度のなかで、共通させるものと対比するものを決めると、比較的らくに配色を決めることができるでしょう。

しかし、作品全体としては形と色のバランスもあるので、さまざまな角度からバランスポイントを探す必要があります。

トーンが似ていて色相差のある配色

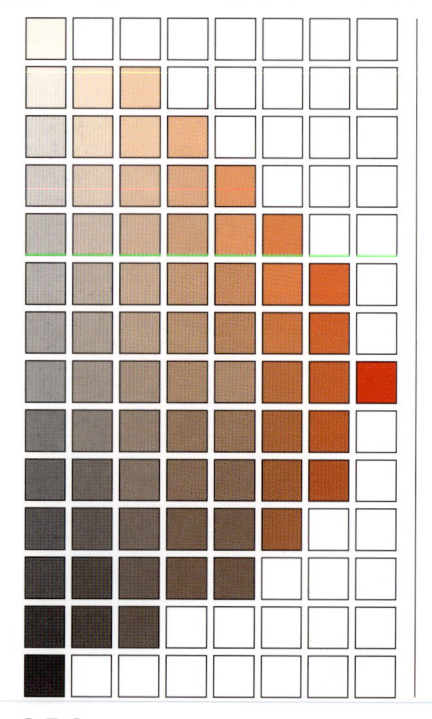

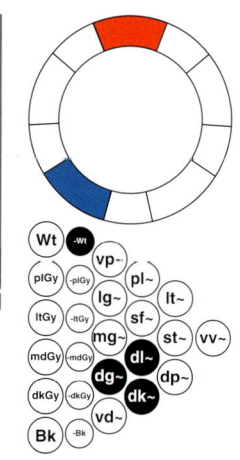

116

● 明度の低いトーンでまとめる
補色関係に近い色相を使っていますが、明度が低いトーンを使うことで対比を弱め、全体のイメージを壊さずに色の幅を広げています。

058

配色アイデア-1／同一色相（明度・彩度に差）

30-15-0-65	55-30-0-30	80-45-0-0	30-15-0-0	25-10-0-50
62-67-77	82-100-136	57-99-171	179-193-221	95-104-114

配色アイデア-2／同一色相（明度・彩度に差）

35-0-35-0	60-5-65-25	10-0-10-0	30-0-30-65	75-5-80-0
166-219-160	77-134-72	230-245-226	62-78-60	65-161-73

配色アイデア-3／同一色相（中明度・彩度に差）

15-35-40-30	25-65-70-10	20-55-55-20	5-20-20-40	30-80-80-5
151-110-88	171-72-48	162-85-67	144-120-109	169-42-31

配色アイデア-4／同一色相（高明度・彩度に差）

0-0-25-0	0-0-35-15	0-0-10-0	0-5-50-0	0-5-40-15
255-255-191	217-217-141	255-255-230	255-242-124	217-206-127

配色アイデア-5／同一色相（中彩度・明度に差）

25-60-0-25	10-20-0-0	30-75-0-10	10-35-0-0	15-45-0-45
140-71-129	228-197-225	158-54-139	226-161-207	117-73-105

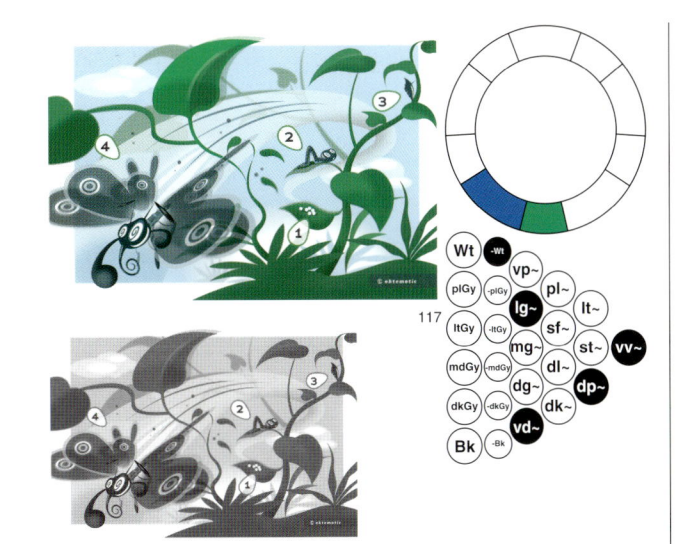

117

●明度差のある配色
明度差を強調することで、コントラストの高い明快な配色になります。

同化現象

同化現象は対比の一種で、色の3属性それぞれで起こります。色相の同化は赤のストライプが図ですが、背景の色相になじんだ感じに見えます。明度の同化は背景の明度が図の明度に近づいたように見えます。彩度の同化では、高彩度のストライプによってものの彩度が高く見えます。

● 色相の同化　　● 明度の同化　　● 彩度の同化

配色アイデア-1／ペールトーン中心の多色配色

55-0-30-0	0-40-65-0	0-25-25-0	15-25-50-0	65-45-0-0
116-199-166	253-154-71	252-192-167	216-179-111	93-107-176

配色アイデア-2／ダルトーン中心の2色配色

30-80-75-0	80-40-30-0	30-95-95-0	25-65-75-0	50-90-70-0
178-45-40	55-104-131	179-15-9	190-80-45	128-21-43

配色アイデア-3／ライトトーン中心の多色配色

40-0-70-0	95-10-0-0	55-10-25-0	10-55-30-0	0-35-100-0
153-210-86	19-149-193	116-180-167	226-112-129	255-166-0

配色アイデア-4／ビビッドトーンによる多色配色

10-100-75-0	100-60-10-0	0-50-100-0	100-0-80-0	45-80-0-0
227-0-32	11-64-141	255-127-0	0-141-84	140-45-146

配色アイデア-5／ダークトーンによる多色配色

45-50-85-25	40-75-65-60	85-55-25-25	85-55-25-10	65-75-50-25
105-76-28	61-22-23	34-57-94	41-69-114	69-36-59

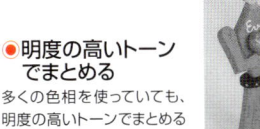

118

●明度の高いトーンでまとめる
多くの色相を使っていても、明度の高いトーンでまとめることによって、全体的に明るいイメージでまとまり、色相の対比が弱められます。

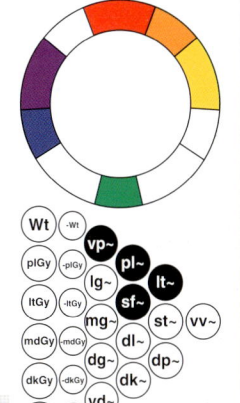

Part 2 色彩計画にあたって

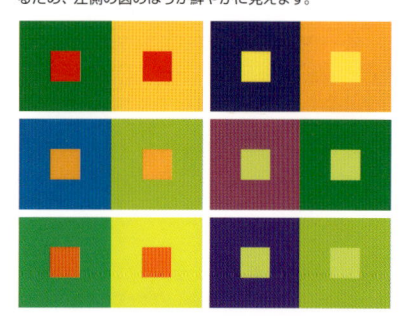

色相の対比による色の印象の変化

上段は色相対比、下段は補色対比によって図の色相の変化を示しています。上段の図の色相はとなりの地の色相によった色に見えます。下段は左側の図と地が補色関係にあるため、左側の図のほうが鮮やかに見えます。

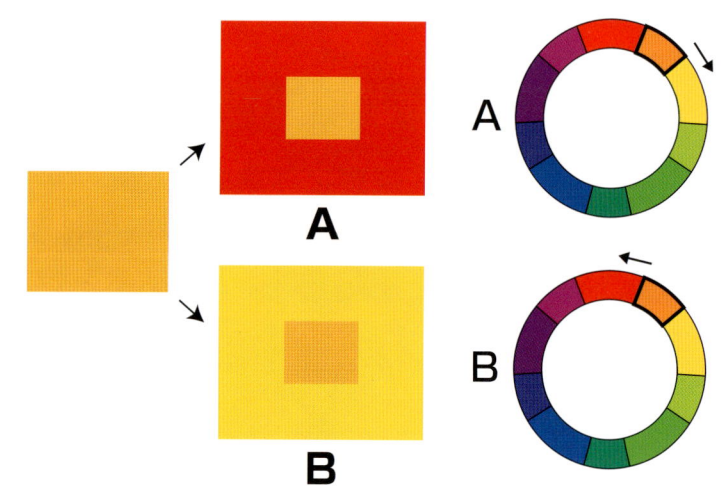

●色相対比

赤（A）と黄（B）それぞれの地の上にオレンジ色をのせると、（A）のオレンジ色は黄みを帯びたオレンジ色に、（B）のオレンジ色は赤みを帯びて見えます。

対比によって変わる色の印象

▶ となり合う色に影響される
▶ 色の3属性それぞれで変化が起こる
▶ 補色対比は鮮やかな配色になる

C-M-Y-K
R-G-B

色は日常生活のなかで単独で存在することはありません。私たちが見ている色は、必ず組み合わされた状態で存在しています。

色はとなり合う色によって見え方が変化します。つまり対比によって見え方が変わるのです。対比による見え方の変化を大別すると、時間的に前後して色を見たときに起こる「継時対比」と、併置した状態や囲まれた色を見る場合に起こる「同時対比」があります。

継時対比には補色残像があり、同時対比には色の3属性の色相、彩度、明度の関係それぞれで起こる対比現象があります。また、異なる色が似た色に見えてくる同化現象（P.059）などもあります。

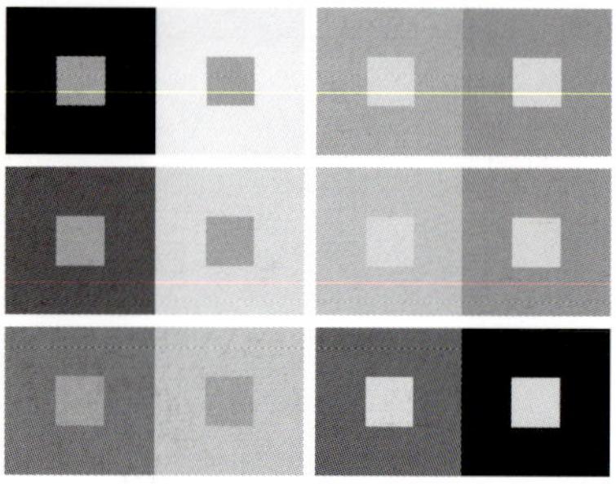

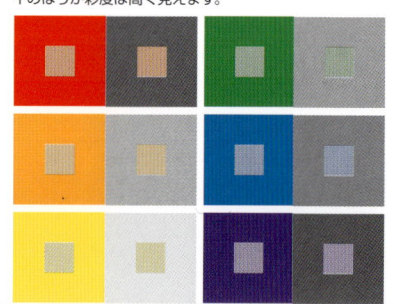

明度の対比による色の印象の変化

上は明度対比によって図の明度の見え方の違いを示しています。地の明度が低いほうの図は明るく見えます。下は彩度対比によって図の彩度の変化を示しています。地がグレイのほうが彩度は高く見えます。

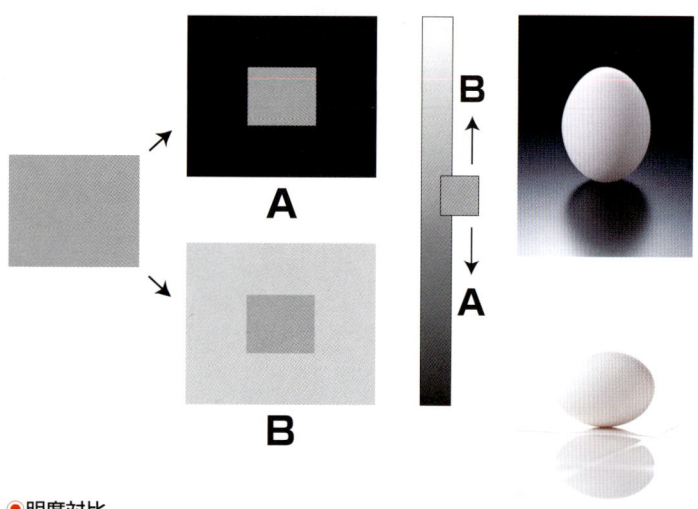

●明度対比

黒（A）と明るめのグレイ（B）の地に、その2色の中間のグレイをのせると、（B）よりも（A）のグレイのほうが明るく見えます。

■色の調整／文字色は0-40-100-5

same	or not
0-100-100-5 242-0-0	0-15-100-5 242-206-0

■色の調整／or notだけ0-45-100-5

same	or not
0-100-100-5 242-0-0	0-15-100-5 242-206-0

■色の調整／文字色は0-100-100-0

same	or not
0-45-100-0 255-140-0	100-20-100-0 0-109-44

■色の調整／or notだけ0-95-95-15

same	or not
0-45-100-0 255-140-0	100-20-100-0 0-109-44

文字などが色相の異なる色面にまたがってしまう場合、背景の色相によって図の色相が異なって見えるため、色相を微妙に変えて同じ色相に見えるように調節します。ここでは、それぞれ下の段の文字色を変えて、バランスをとっています。

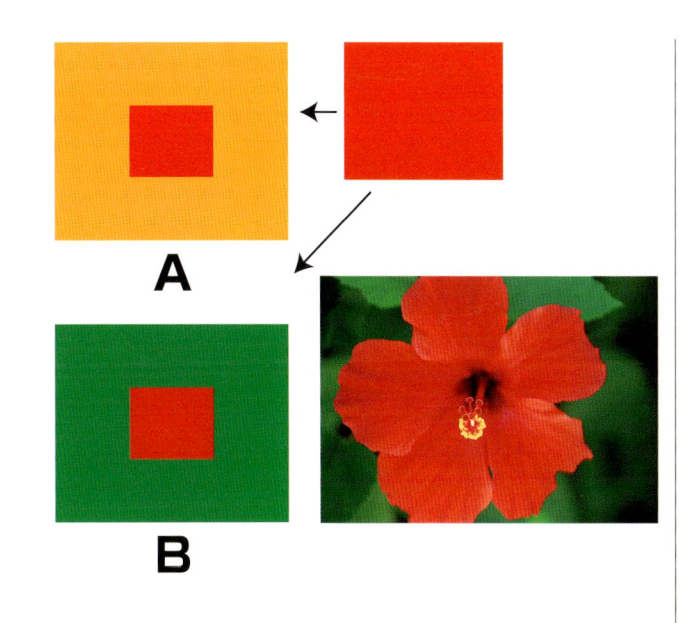

● 補色対比

赤を類似色相のオレンジ色（A）と赤の補色である青緑（B）の地にのせると、（B）では赤がより鮮やかに見えます。

補色残像ってなに？

色の刺激が時間を前後して現れる現象を「補色残像」といいます。右の図の色を20〜30秒ほど見たあとにプラスの記号のところを見ると、補色関係にある色が見えるはずです。

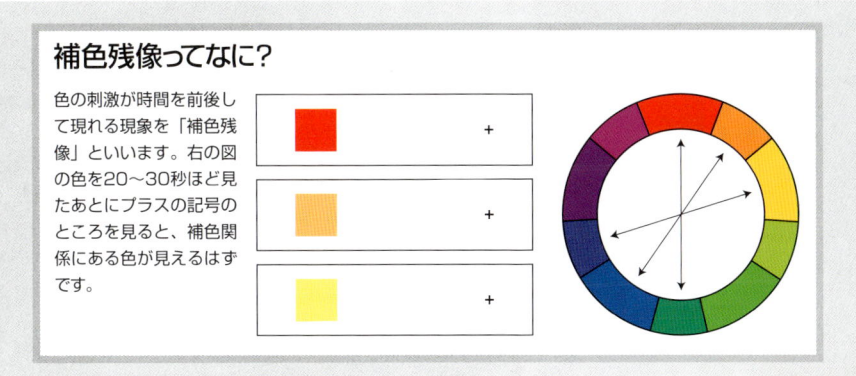

■色の調整／文字色は0-0-0-45

same	or not
0-0-0-25 191-191-191	0-0-0-100 0-0-0

■色の調整／or notだけ0-0-0-65

same	or not
0-0-0-25 191-191-191	0-0-0-100 0-0-0

■色の調整／文字色は0-20-50-30

same	or not
0-45-100-0 255-140-0	0-0-0-40 153-153-153

■色の調整／or notだけ0-25-65-30

same	or not
0-45-100-0 255-140-0	0-0-0-40 153-153-153

明度・彩度対比によって変化する見え方を考慮して、2つの色面にまたがる文字の明度・彩度を同じに見えるように調節しています。ここでは、それぞれ下の段の文字色を変えて、バランスをとっています。

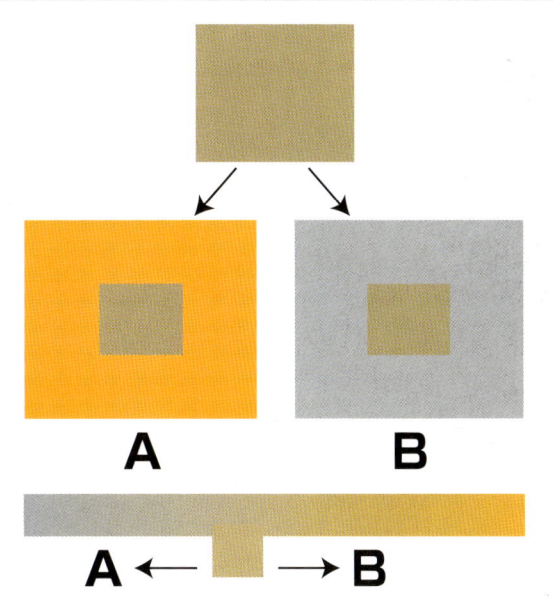

● 彩度対比

高彩度のオレンジ色（A）と、そのオレンジ色と同明度のグレイ（B）の地に、中彩度のオレンジ色をのせると、（A）よりも（B）のほうが彩度が高く見えます。

Part 2　色彩計画にあたって

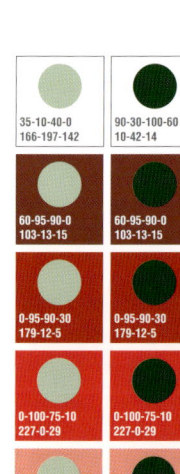

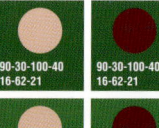

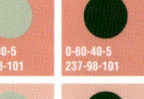

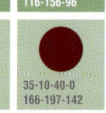

彩度の高い補色色相の配色

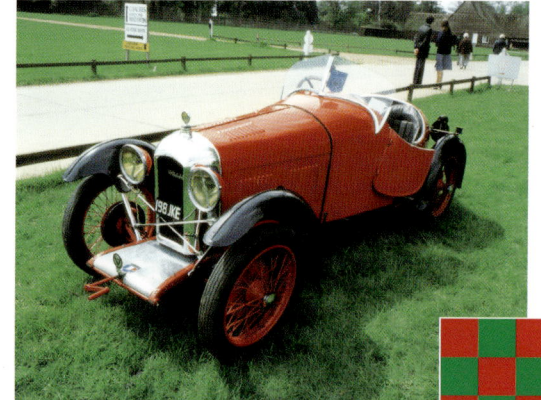

●彩度の高い赤と緑の対比

赤と緑は直接対比させると明度が同じなので不明瞭になります。クラシックカーのフェンダーが黒であったり、芝生との間にクラシックカーの陰があることで、赤と緑は直接接していません。このように、間に無彩色を入れることで対比を和らげることができます（P.084）。

補色対比
——赤と緑

- ▶ 対比は強いが不明瞭になる赤と緑の対比
- ▶ セパレートカラーで見えやすく
- ▶ トーンの変化をつける

C-M-Y-K
R-G-B

補色対比については、PART4でもふれますが、ここでは補色対比のなかで一番扱いの難しい赤と緑について述べておきます。他の補色関係、たとえば黄と青紫、オレンジ色と青などは、明度差があるので純色どうしの組み合わせでも使うことができますが、赤と緑は明度差がないので純色どうしをとなり合わせると、鮮やかではあっても境界が不明瞭になり、見づらい配色になります。

それを防ぐには、トーンに変化をつけたり、無彩色などのセパレートカラーを入れたり、境界をぼかしたりして、全体に引き締まった見やすい配色にします。これは赤と緑に限らず、いろいろな場面で使うことができる配色法です。

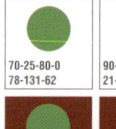

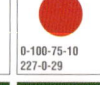

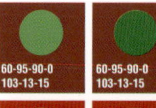

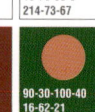

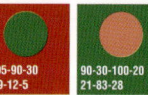

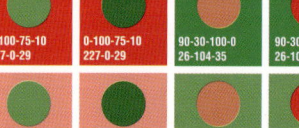

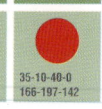

彩度の低い補色色相の配色

●彩度を下げるときは赤をメインに

彩度が下がっていくと、寒色系のほうが、暖色系よりも先に色の性質を失います。ですから赤と緑の配色では、赤をメインにするとよいでしょう。また、赤と緑は明度が同じなので、この2色よりも明度が高く、赤に近いオレンジ色を使うことで、明度差をつくることができます。

■配色アイデア-1／緑と赤のグラデーション

| 90-30-100-0 | | 20-100-90-0 |
| 26-104-35 | | 203-0-13 |

■配色アイデア-2／黒のセパレートカラー

| 90-30-100-0 | 0-0-0-100 | 20-100-90-0 |
| 26-104-35 | 0-0-0 | 203-0-13 |

■配色アイデア-3／白のセパレートカラー

| 90-30-100-0 | 0-0-0-0 | 20-100-90-0 |
| 26-104-35 | 255-255-255 | 203-0-13 |

■配色アイデア-4／低彩度の赤のセパレートカラー

| 90-30-100-0 | 10-55-50-0 | 20-100-90-0 |
| 26-104-35 | 227-111-92 | 203-0-13 |

■配色アイデア-5／低彩度の緑のセパレートカラー

| 90-30-100-0 | 35-10-35-0 | 20-100-90-0 |
| 26-104-35 | 166-198-152 | 203-0-13 |

● 赤と緑の境界部分のトーンの変化で見やすくする

カブの赤と対比している葉の緑も、光が当たり緑の明度が高くなっている部分と、葉の間の陰になって明度が低くなっている部分があります。このように、接する部分の色相の対比が弱くなっていると、それぞれの色がはっきりと見えてきます。

聖ワシリー寺院

聖ワシリー寺院（モスクワ）は16世紀にイワン雷帝によってたてられた寺院で、さまざまな建築様式の特徴を併せもつ寺院です。建物の色彩には赤と緑が使われていますが、彩度が低いために対比が弱く、統一感のある配色になっています。

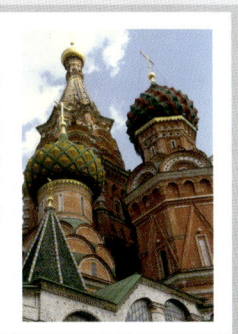

■配色アイデア-1／グレイッシュトーンの緑とビビッドトーンの赤

| 60-20-65-0 | 20-100-90-0 |
| 103-151-88 | 203-0-13 |

■配色アイデア-2／ストロングトーンの緑と赤

| 100-60-100-0 | 20-100-90-0 |
| 0-54-22 | 203-0-13 |

■配色アイデア-3／ペールトーンの緑と赤

| 35-10-35-0 | 5-20-20-0 |
| 166-198-152 | 240-201-182 |

■配色アイデア-4／ミドルグレイッシュトーンの緑と赤

| 50-20-60-30 | 10-60-55-30 |
| 89-113-67 | 159-69-57 |

■配色アイデア-5／ダークトーンの緑と赤

| 100-60-100-10 | 50-100-100-10 |
| 0-49-20 | 115-0-0 |

● 彩度を下げてまとまりのある配色に

グレイッシュなトーン、淡いトーンにすることで、赤と緑の性質は抑えられ、色相よりもトーンのイメージでまとまって見えます。一見、同一色相による配色に見えますが、赤と緑という色相差のある配色なので、同一色相のとは違う発色になります。

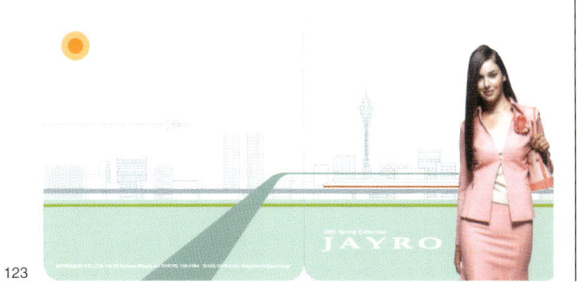

光源の種類によって変わる色の印象

太陽光	明け方	夕日	蛍光灯
30-100-70-0 178-0-38	20-60-40-0 201-95-106	20-100-100-0 204-0-0	40-85-75-0 153-33-38
0-50-100-0 255-127-0	5-30-60-0 240-176-86	0-80-100-0 255-51-0	15-45-100-0 217-130-3
0-10-100-0 255-230-0	5-5-60-0 242-237-100	0-45-100-0 255-140-0	15-10-100-0 217-214-8
80-50-100-0 51-80-72	55-30-60-0 116-137-91	75-80-100-0 64-33-8	85-45-100-0 39-84-26
90-50-5-15 29-72-133	60-30-5-10 94-125-166	80-80-35-5 55-34-90	90-45-20-10 29-82-126
65-70-0-0 94-60-153	45-45-0-0 141-118-183	55-100-30-0 118-0-88	70-60-15-0 82-75-139

●太陽光は時間によって変化する

天中の太陽、夕日の太陽、日の出の太陽は、それぞれ光の印象が大きく異なります。デザインやイラストを制作するときに、光の設定をすることでイメージに合った表現になるでしょう。光の設定は画面の明度関係を決めることでもあります。

光源色や面積で変わる色の印象

▶太陽光は一定した光ではない
▶人工光は太陽光とは違う色に見える
▶面積によって色の見え方が違う

C-M-Y-K
R-G-B

　光源色は太陽光の他に電球などのタングステンタイプの光源と、蛍光灯タイプの光源があります。タングステンタイプは太陽光よりもオレンジ系統の色みが強く、蛍光灯タイプは青緑系統の色みが強い光です。
　タングステンタイプは暖色系統の色はきれいに、寒色系統の色はくすんで見えます。逆に蛍光灯タイプは寒色系統はきれいに、暖色系統はくすんで見えます。空間系のデザインでは、光源と色の関係を考慮しないと、予想したイメージとは異なる色になりかねません。平面系のデザインでも、制作現場の環境によって色の見え方が異なるので、デザイナーは光源に注意を払う必要があります。
　色票(色見本帳)を見て色を決める

面積比によって変わる色の印象

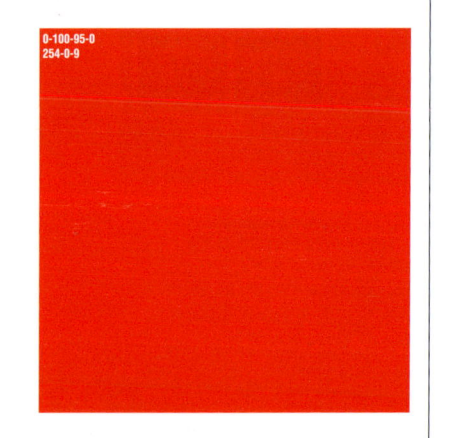

0-100-95-0
254-0-9

●面積で色の見え方が変わる

色を決めるときに色票(色のチップ)を見て決めることがありますが、小さい面積の色を見て決めると、実物の色と印象が変わってしまうことがよくあります。面積が大きくなったらどのように見えるのか想像をし、その差を確認しておくことが重要です。

■配色アイデア-1／太陽光で見た基準の色

15-100-90-0	0-55-95-0	0-5-50-0	30-0-35-0	100-60-20-0
216-0-13	255-115-13	255-242-124	179-224-161	9-63-127

■配色アイデア-2／タングステンライトで見たイメージ

15-100-100-0	0-90-100-0	0-40-90-0	20-25-60-0	75-70-50-0
217-0-0	255-26-0	254-153-21	203-175-91	68-53-2

■配色アイデア-3／蛍光燈の光で見たイメージ

35-100-100-0	20-55-100-0	20-5-70-0	50-0-55-0	100-60-40-0
166-0-0	204-104-3	204-221-79	127-201-117	6-61-101

■配色アイデア-4／夜明け前の光で見たイメージ

25-65-60-0	15-45-65-0	15-15-35-0	35-10-25-0	65-50-15-0
189-81-69	216-132-72	216-204-151	166-198-172	93-96-148

■配色アイデア-5／夕暮れどきの光で見たイメージ

15-100-90-50	0-55-95-50	0-5-50-50	30-0-35-50	100-60-20-50
108-0-6	127-57-5	127-121-62	89-112-80	3-31-63

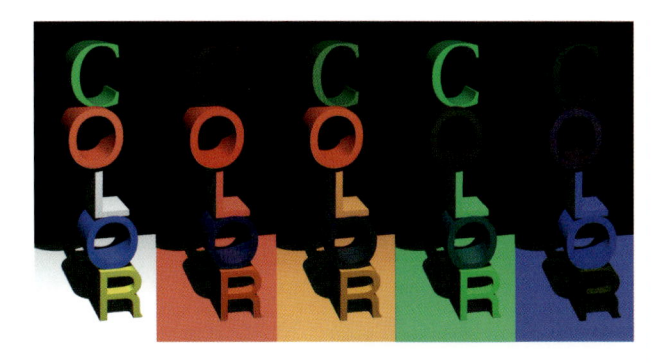

● 色光によって変化する物体色

床面を見ると色光の色がわかると同時に、色光によってそれぞれの物体色の変化がわかります。物体色と類似した色光の場合は、物体色は鮮やかに見えます。また、物体色と補色関係にある色光が当たった場合は、彩度が低くなりくすんだ色に見えます。

● 人工光は種類が多い

タングステンタイプの電球は、放射光で陰影が強いのが特徴で、雰囲気を演出するために、一般家庭でもよく使われます。蛍光灯はあまり明るさの変化がない拡散光で、陰影が強く出ないので、タングステンタイプの電球と比べて物が平面的に見えます。高速道路のトンネルのなかなどで使われているナトリウムランプは、赤・オレンジ色系統の波長の強い光なので、赤がグレイっぽく見えるなど、色の見え方が太陽光とは大きく違います。

と、壁紙など面積の大きいものでは、色票で見た色と完成品の印象が変わることがあります。見る距離にもよりますが、全視野がひとつの色で占められると、色票で見たときよりも、明度の高い色はより明るく、彩度の高い色は彩度が低く見えます。また、面積が小さいものは他の色と同化して見えることもあります。

Part 2　色彩計画にあたって

■面積比による色の見え方-1／0-100-65-0

■面積比による色の見え方-2／0-0-100-0

■面積比による色の見え方-3／85-25-85-0

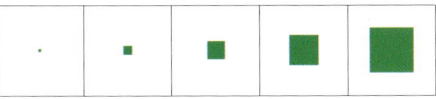

■面積比による色の見え方-4／100-45-10-0

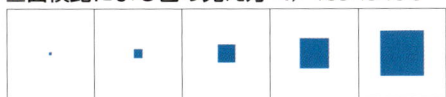

■面積比による色の見え方-5／70-95-0-0

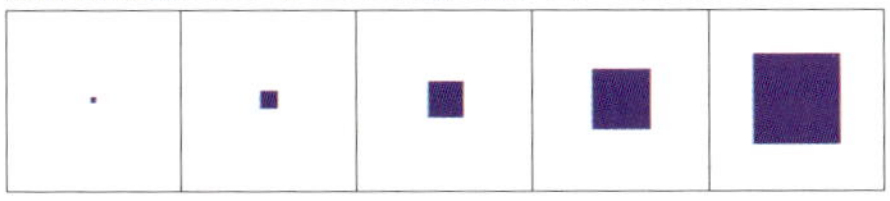

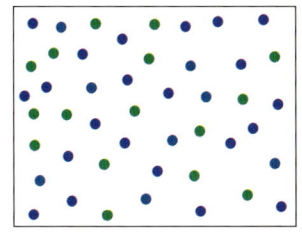

● 小さな面積の色は離れると違いがわからなくなる

3つの図を離れてみると黄や明るい黄緑、グレイは白く見えます。また、純色のオレンジ色・赤紫・赤・ピンクなどはピンク色に、青・青緑・緑などは緑色に見えます。デザインやイラストのなかにアクセントを入れるときに、面積が小さすぎるとアクセントの色の判別がつかないことや、色の効果が出ないことがあります。

065

風土によって変わる色のイメージ

0-0-0-0 255-255-255	15-0-5-0 217-241-234	0-5-70-0 255-242-75	15-0-25-0 217-240-187
0-60-100-0 255-102-0	70-0-60-0 77-179-109	100-0-70-0 0-143-98	0-100-95-0 254-0-9
0-75-75-0 252-65-40	15-100-70-0 214-0-38	95-70-5-0 27-50-141	90-60-10-50 17-34-71

上は、南国のイメージの色で、太陽の日差しに負けないような強い対比の配色です。下は、ヨーロッパの都市の色のイメージですが、緯度が高いため日差しが柔らかく、微妙な色の差も見分けられます。

0-5-20-5 241-230-189	5-10-20-5 229-214-182	10-5-30-5 218-221-163	15-20-10-0 215-193-201
10-25-35-0 228-184-144	0-15-50-5 241-205-111	25-20-20-0 190-184-177	25-30-40-0 190-161-128
15-30-20-5 204-161-161	55-20-25-0 116-160-159	30-50-40-15 151-96-96	40-60-55-40 92-51-48

風土や季節で変わる配色

▶南国は対比の強い配色
▶ヨーロッパはナチュラルで微妙なトーンの配色
▶日本は季節によって配色が変化する

C-M-Y-K
R-G-B

色の使い方や配色の方法は地域によっても異なりますが、その違いは日常の生活のなかで見慣れたものに影響されています。なかでも日差しの強さは関係が深く、赤道に近い熱帯の地域では、彩度の高い色、メリハリのある配色がよく使われています。これは、物体に当たった光は、強ければ強いほど白く見え、明度が高く、彩度が低くなることと関係しています。日差しの強い地域では、微妙な色の違いは見分けることがむずかしいため、メリハリある配色が多くなるのです。

また、日本のように四季のある国では、1年を通して太陽の高さが変わるため、季節ごとの景色のイメージが変わります。

●太陽の日差しのような強烈な色づかい
日差しが強い地域では日向と日陰のコントラストが高く、強い対比の配色も日影に入ると強烈さは失われます。弱い対比の配色は色の差がなくなり、配色をする意味が失われてしまいます。

季節によって変わる色のイメージ

春	夏	秋	冬
0-20-5-0 252-205-218	100-55-0-0 11-73-157	70-85-95-0 78-26-14	60-50-30-0 104-97-126
0-0-35-0 255-255-166	0-0-0-0 255-255-255	55-70-25-0 117-62-118	85-55-25-0 45-77-126
20-5-80-0 204-220-56	35-0-5-0 167-221-224	10-75-100-0 230-62-0	60-40-30-0 104-117-134
30-0-10-0 179-226-216	100-60-0-0 12-65-154	15-25-50-0 216-179-111	85-55-25-0 45-77-126
25-0-50-0 191-228-127	0-0-60-0 255-255-102	0-100-100-20 204-0-0	40-10-15-0 153-195-192
0-35-95-0 255-166-14	55-0-20-0 116-200-185	0-5-70-0 255-242-75	80-35-50-0 54-110-104

●季節感は重要なデザイン要素
季節感も光を表現するときに重要になる要素になります。春は暖かで柔らかな光に満ちた感じで、夏は強い日差しが降り注ぐ、コントラストの高い世界になります。

124

■配色アイデア-1／南国のイメージ

15-0-5-0	0-60-100-0	10-100-70-0	15-0-25-0	70-0-60-0
217-24-234	255-102-0	226-6-38	217-240-187	77-179-109

■配色アイデア-2／南国の夕日のイメージ

0-100-95-0	15-0-50-0	0-80-85-0	0-0-0-0	0-95-90-45
254-0-9	217-239-127	253-51-23	255-255-255	139-10-7

■配色アイデア-3／南国の海と空のイメージ

95-70-5-0	0-0-0-0	85-0-75-0	90-60-10-50	25-0-15-0
27-50-141	255-255-255	40-159-87	17-34-71	191-230-207

■配色アイデア-4／伝統的なヨーロッパのイメージ1

30-50-40-15	40-60-55-40	25-30-40-0	50-50-40-15	15-30-20-5
151-96-96	92-51-48	190-161-128	109-86-94	204-161-161

■配色アイデア-5／伝統的なヨーロッパのイメージ2

10-5-30-5	0-15-50-5	5-10-20-5	10-30-25-5	0-5-20-5
218-221-163	241-206-111	229-214-142	216-164-152	241-230-189

● ヨーロッパは柔らかい光

ヨーロッパでは光が柔らかく、微妙な色までよく見えるので、南国とは違った色づかいになります。

同じ寒色でもイメージが大きく違う

右の2つの写真は、同じようなグラスを写したものですが、光の強さに差があり、グレイッシュな色が加わることで、左の写真のほうは冬のような冷たい感じのイメージになります。

■配色アイデア-1／春の桜のイメージ

0-20-5-0	50-0-5-0	0-10-5-0	25-0-50-0	0-5-30-0
252-205-218	128-207-216	254-230-230	191-228-127	255-242-174

■配色アイデア-2／春のイメージ

30-0-10-0	0-35-95-0	0-0-35-0	20-5-80-0	65-0-40-0
179-226-216	255-166-14	255-255-166	204-220-56	90-187-145

■配色アイデア-3／夏のイメージ

100-55-0-0	75-0-10-0	95-70-5-0	0-0-0-0	85-20-0-0
11-73-157	65-182-196	27-50-141	255-255-255	43-140-190

■配色アイデア-4／秋のイメージ

70-85-95-0	55-70-25-0	0-30-30-0	10-75-100-0	15-25-50-0
78-26-14	117-26-118	252-180-152	230-62-0	216-179-111

■配色アイデア-5／冬のイメージ

80-35-50-0	50-40-50-0	85-55-25-0	60-50-30-0	70-30-30-0
54-110-104	128-121-101	45-77-128	104-97-126	79-129-140

● 光が弱くなる秋・冬

秋は暮れていく太陽のように、光が弱くなり、優しい光のなかで、多くの色があふれる季節です。冬は色が失われていく季節で、どことなぐグレイッシュなトーンに包まれる季節です。

Part 2　色彩計画にあたって

テクスチャと色が与える印象

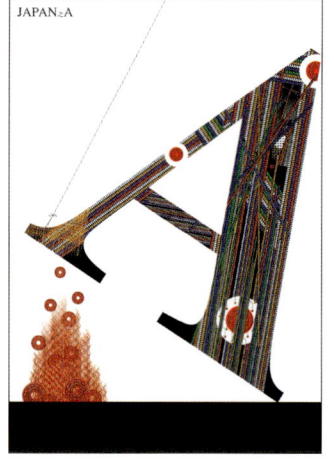

● 色では出せないイメージを
テクスチャがあることで柔らかな印象が増し、密度も高くなります。

色とテクスチャ

▶ テクスチャでは素材感の表現を
▶ テクスチャでイメージをストレートに
▶ 自然と人工の色の対比は
　それぞれの良さを強調する

C-M-Y-K
R-G-B

　テクスチャは石や木、織物などの手触りや素材感のことをいいます。グラフィックやインテリアなどのデザインでは、色や形とともに重要な要素です。
　物体ごとに特有のテクスチャがあり、微妙な色とトーンをもっています。テクスチャを活かすことで密度の高い画面をつくることができ、作品のイメージを強調する場合にも有効な表現手段となります。
　自然素材のテクスチャと絵具やインクなどのマットな感じの対比は、それぞれの良さを強調する場合に役立ちます。

テクスチャで変わる色のイメージ

● 自然の材と人工な色の協力
自然素材の色は彩度が低く、人工的な色は彩度が高いので、並べることでそれぞれの良さを強調します。これは補色関係と同じような効果です。

068

■配色アイデア-1

0-25-45-0
253-192-122

■配色アイデア-2

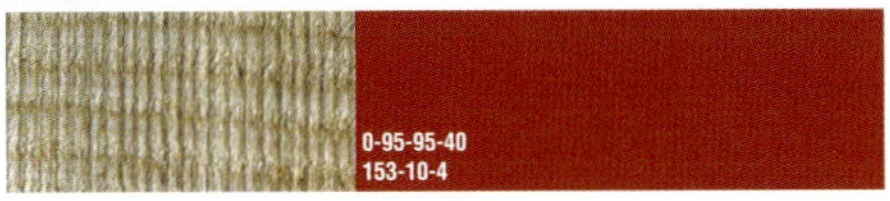

0-95-95-40
153-10-4

■配色アイデア-3

0-100-90-20
203-0-10

■配色アイデア-4

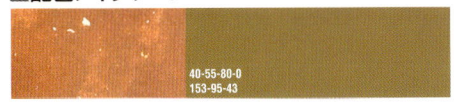

40-55-80-0
153-95-43

■配色アイデア-5

85-60-25-0
45-68-122

● **シャープでクールな
イメージはメタリック**

あるイメージを表現するときに、そのイメージがもっている形や質感を利用することでストレートに表現することができます。

129

130

Part 2 色彩計画にあたって

131

■配色アイデア-1

85-60-25-0
45-68-122

■配色アイデア-2

0-95-95-40
153-10-4

■配色アイデア-3

85-60-30-0
45-68-116

■配色アイデア-4

5-90-10-0
231-29-126

■配色アイデア-5

100-0-40-0
0-150-141

132

● **自然素材の色が人工的な色を強調する**

自然素材の色はまったくの平面ではなく形があるので、光があったときに陰の部分ができ、全体的に彩度が低く見えます。そのなかに人工的な色が入ると、人工的な色は強調されより強く見えます。

069

進出・後退感

進出・後退感は色の3属性の色相・明度・彩度それぞれに関係していますが、とくに色相・明度によって決まります。色相では暖色系の高彩度の色が寒色系の色よりも進出して見えます。また、明度では図と地の関係によって、図の明度の高いほうがその逆よりも進出して見えます。膨張・収縮も進出・後退と同じ関係にあります。

進出感・後退感は、主に色相と明度に関係があります。とくに彩度の高い暖色系は進出・膨張して見え、寒色系のなかでも彩度の低い色は後退・収縮して見えます。

車のブレーキライトは赤でできていますが、これは赤が進出色であり人の目を引く色だからです。危険がすぐそばにあることを知らせ、早い時期に危険から回避させることが目的です。前の車のブレーキライトがついた瞬間、車間距離が思いのほか近いのに驚かされた、といった経験があるのではないでしょうか。

膨張・収縮感は進出・後退感と同じ関係にありますが、図と地の関係によって、地の色よりも図の色の彩度・明度が高いと膨張して見え、明度・彩度が低いと収縮して見えます。

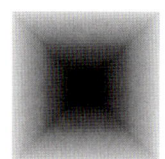

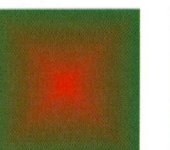

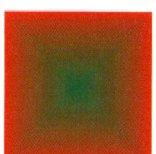

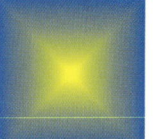

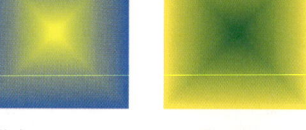

進出して見える　　後退して見える

赤のロンドンバスは近く見えます
赤と青のロンドンバスを見くらべてみてください。赤いバスのほうが青いバスよりも進出して見えます。

散乱

スペクトルのなかで波長の短い青系統の光は屈折率が高く、大気中の水蒸気の粒子を通過するときに屈折を繰り返します。このため、空が青く見えたり、遠くの山が青みを帯びて見えたりします。この現象を「散乱」といいます。
危険を知らせる赤信号などは屈折率が低いため、霧やガスがかかった場合にも遠くまで光が届くので、危険を知らせる色として使われているのです。

どちらが大きく感じますか？
2つは同じ大きさの同心円です。両方を比較してみると、左側、つまり地がダークトーンの緑で図がビビッドトーンの黄色のほうが大きく見えます。

Part 3
配色の効果

有彩色のアクセントカラー

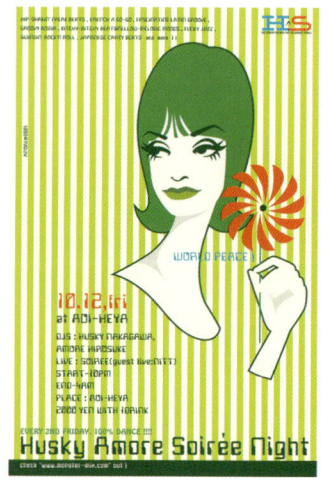

133

● アクセントカラーは象徴的に
作品のポイントである女性の持ち物や目に、作品全体の色相と補色関係にある色を使うことで印象深くなり、視線はまずそこに引きつけられます。

134

アクセントカラーを使った配色

▶ アクセントは象徴的に
▶ アクセントカラーは反対色
▶ アクセントカラーは明度差をつけて

C-M-Y-K
R-G-B

　全体を引き締めるために使われる色のことを「アクセントカラー」といいます。色相とトーンに変化をつけ、小さい面積で使うことでアクセントとして機能します。
　見え方の強さを決めるのは明度差ですが、アクセントカラーの場合でも明度差のある配色が最も効果的です。しかし、アクセントカラーを大きな面積で使うと、強く見えすぎてしまい、全体の印象に影響を与えてしまいます。ですからアクセントカラーは、小面積で使うことが原則です。また、誘目性（P.056〜057）の高い暖色系で高彩度の色を使うと、より効果的です。

無彩色のアクセントカラー

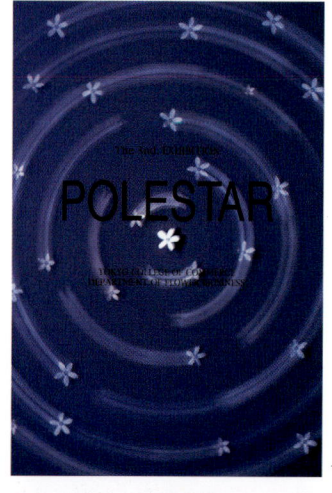

135

136

● 水・宇宙などの神秘的なイメージ
寒色系の色相のイメージが強いときには、反対色を使うと色相のイメージが弱くなるので、明度差を高くするために白をアクセントカラーとして使うことがあります。

072

配色アイデア-1／アクセントはカラーは10-0-70-0

100-45-10-0	100-60-0-0	95-70-5-0	100-60-5-0	70-60-0-0
9-87-151	12-65-154	27-50-141	11-64-147	83-77-161

配色アイデア-2／アクセントカラーは75-35-25-0

0-55-60-0	10-100-0-0	0-80-90-0	0-35-25-0	0-60-65-0
252-116-74	218-2-127	254-51-16	251-167-157	252-103-62

配色アイデア-3／アクセントカラーは0-100-100-20

55-30-70-0	90-45-55-0	60-30-95-0	15-20-80-0	65-45-70-0
115-136-74	30-87-91	102-129-32	217-191-50	90-100-67

配色アイデア-4／アクセントカラーは0-100-100-20

95-70-75-10	90-45-55-0	75-75-45-0	80-70-85-0	95-70-75-10
17-40-44	30-87-91	69-45-85	52-49-34	17-40-44

配色アイデア-5／アクセントカラーは20-5-80-0

70-65-90-0	20-30-30-0	35-50-60-0	20-5-65-0	60-50-70-0
78-61-28	202-165-149	165-109-78	202-82-61	103-94-64

● アクセントカラーの影響力は大

全体が寒色系の色相で占められていても、アクセントカラーに高彩度の色が使われていると、その色の影響は作品全体に及び、全体が明るいイメージになります。

環境のなかのアクセント

インテリアの雰囲気を演出ためにロウソクを使うことがあります。ロウソクの灯火のオレンジ色は、部屋を明るく、暖かく、優しい雰囲気にしてくれます。照明器具や建物のライトアップなども、光によるアクセントカラーとして重要な役割をもっています。

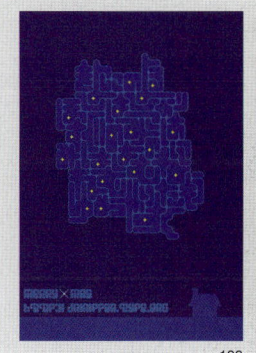

Part 3　配色の効果

配色アイデア-1

100-45-10-0	100-60-0-0	95-70-5-0	100-60-5-0	70-60-0-0
9-87-151	12-65-154	27-50-141	11-64-147	83-77-161

配色アイデア-2

0-50-60-0	10-100-0-0	0-80-95-0	0-85-90-0	0-60-65-0
252-128-76	218-2-127	254-51-10	254-40-15	252-103-62

配色アイデア-3

55-30-70-0	90-45-55-0	60-30-90-0	60-45-70-0	45-30-60-0
115-136-74	30-87-91	102-130-40	103-103-66	140-145-90

配色アイデア-4

95-70-75-10	90-45-55-0	75-75-45-0	80-70-85-0	80-55-85-0
17-40-44	30-87-91	69-45-85	52-49-34	52-73-41

配色アイデア-5

0-70-90-0	85-80-60-0	0-45-100-0	0-30-100-0	85-50-80-0
254-77-17	43-33-62	255-140-0	255-179-0	40-79-52

● 白をアクセントにすることで軽さのイメージを

全体がダークなイメージのトーンでまとめられているときに、白をアクセントにすることで、軽さのイメージを加えることができます。

073

中心にアクセントカラーを配置する

● 誘目性の高い赤を中心に
誘目性の高い赤を中心に配置することで強い構成になりますが、単純で動きのないものになることがあります。その場合は、傾けるなどして画面に動きをつけます。

アクセントカラーとバランス

▶ 誘目性の高い色で強調
▶ 誘目性の高い色で象徴的に
▶ 画面のバランスで
　位置と大きさを決める

C-M-Y-K
R-G-B

　アクセントカラーは全体を引き締める働きと同時に、人の視線を引きつける効果があります。
　人がものを見るとき、視線はまず中心部に向い、それから周囲に移動して見ているものの情報を集めます。ですから、アクセントカラーは中心部もしくは中心近くに配置し、一番見せたい部分に使うことで、強調したい部分を短時間に伝達することができます。
　しかし、中心に置くと画面の躍動感がなくなってしまうこともあるので、動きを出すときにはシンメトリーな構成は避けます。また、アクセントカラーを隅に配置する場合、他の構成物との対比させることでバランスを保つことができます。

全体のバランスで位置を決める

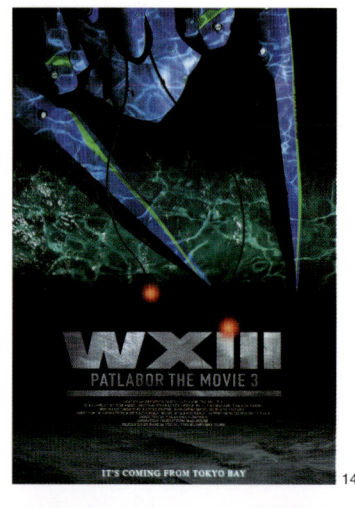

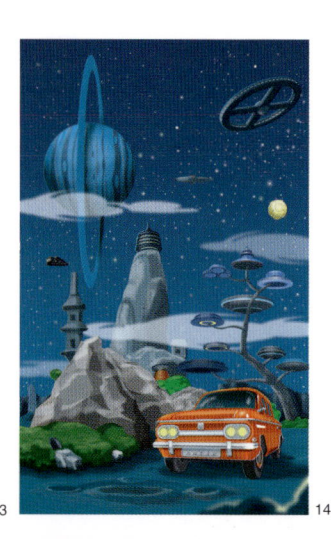

● 画面全体のバランスで位置と大きさを決める
複数の要素があるときは、全体の見え方の強弱のバランス、つまり明度関係のバランスによってアクセントの位置を決めます。右の図では赤の車と背景の青は補色関係に近い色相で強い対比を見せています。土星と黄の惑星を配置することで、構図的にバランスが右下にずれるのを回避しています。

■配色アイデア-1／アクセントカラーは25-100-100-0

0-0-0-30	0-0-0-25	0-0-0-20	0-0-0-25	0-0-0-30
179-179-179	191-191-191	204-204-204	191-191-191	179-179-179

■配色アイデア-2／アクセントカラーは10-95-100-0

30-0-15-10	20-0-10-10	10-0-5-10	5-15-10-0	0-0-0-25
162-203-185	184-212-199	208-221-214	240-213-211	191-191-191

■配色アイデア-3／アクセントカラーは25-100-100-0

0-15-20-0	15-25-50-0	0-10-10-0	10-30-0-0	0-15-20-0
253-217-189	216-179-111	254-230-219	227-174-213	253-217-189

■配色アイデア-4／アクセントカラーは5-90-95-0

0-10-60-0	5-60-5-0	0-10-50-0	55-30-0-0	0-10-60-0
254-230-97	234-102-168	254-230-121	117-143-194	254-230-97

■配色アイデア-5／アクセントカラーは15-90-85-0

70-20-20-0	0-25-45-0	0-5-40-0	30-0-65-0	0-45-100-0
79-149-164	253-192-122	255-242-149	179-222-94	255-140-0

ブーケは新婦のアクセント

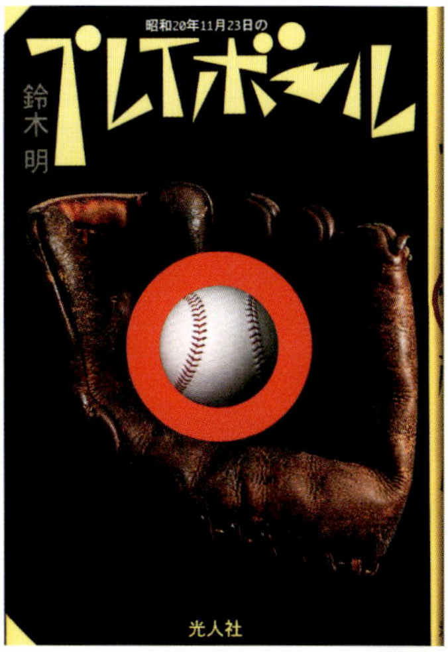

真っ白なウエディングドレスを着た新婦がもつブーケは、華やかさとアクセントとしての色を添える役割をはたしています。

● 円は見え方が強い

円は幾何形態のなかで最も見え方の強い図形です。その円をアクセントとして中心に使うことで、象徴的にものを見せることができます。シンメトリーの構成になりがちですが、明度関係などの他の要素でバランスを崩して画面に動きを出します。

145

146

■配色アイデア-1／アクセントカラーは15-100-100-0

90-45-55-0	70-20-75-0	0-0-45-0	65-0-20-0	0-25-10-0
30-87-91	78-141-73	255-255-140	90-190-182	252-192-201

■配色アイデア-2

0-15-40-0	0-30-30-0	0-5-55-0	0-55-60-0	0-80-95-0
254-217-142	252-180-152	255-242-112	252-116-74	254-51-10

■配色アイデア-3

0-10-15-0	70-35-25-0	55-0-35-0	100-65-45-0	0-5-35-0
254-230-206	80-121-144	116-198-156	7-52-91	255-242-162

■配色アイデア-4

0-20-50-0	55-75-90-0	70-20-40-0	20-55-65-0	75-80-50-0
254-204-114	115-48-22	78-146-131	203-106-66	68-36-75

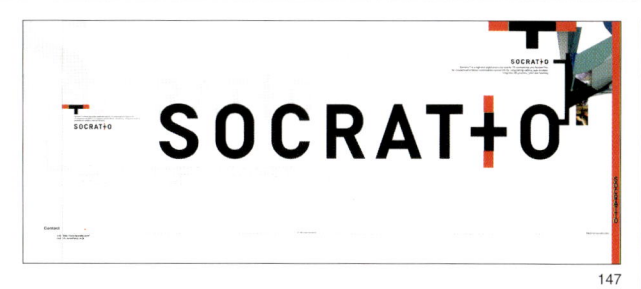

■配色アイデア-5

90-85-55-0	10-10-15-0	100-60-0-0	30-5-90-0	0-20-50-0
32-24-65	254-230-206	12-65-154	179-209-38	254-204-114

● アクセントカラーで左右のバランスを

画面の左右に大きくバランスがずれる場合でも、見え方の弱い側に、背景と明度差があり誘目性の強い色をアクセントとして加えることで、ずれそうだけれどもバランスのとれた動きのある配色になります。

147

148

Part 3　配色の効果

075

明るい配色とアクセントカラー

どちらがおいしそうに見えますか？

● アクセントカラーは高彩度の色

全体が白っぽく清潔感はあっても、色みが寂しいときがあります。食品関係では、おいしそうに感じる色は暖色系です。赤をアクセントとすることで、全体が鮮やかにおいしそうに見えます。

鈍さを救うアクセントカラー

▶ 高彩度の色を有効的に
▶ 全体と同じ明度の高彩度の色を使う
▶ 全体への影響力を考慮して最小面積で

C-M-Y-K
R-G-B

配色を考えるときに、使う色に色相、明度、彩度の幅がないと、全体の統一感は出ますが、おもしろみに欠ける単調なものになってしまいます。

そのような場合、色相の幅はせまいが対照トーンを使っている配色、逆に類似トーンを使っているが色相に幅をもたせた配色のように、色相とトーンのどちらかに幅をもたせることで、色の対比と共通性のバランスがとれた配色になります。

たとえば、イメージがダークトーンの場合に、アクセントカラーとして高彩度の色を使うことで、全体のイメージを壊すことなく、色の幅をつくることができ、さらに全体の鈍さを緩和してくれます。

暗い配色とアクセントカラー

● 全体の明度関係を崩さずに鮮やかさを加える

全体がダークトーン・グレイッシュトーンでまとまっているときに、同明度で高彩度の色を使うことで、その明度関係を崩さずに、全体の鮮やかさが増すことができます。しかし、面積を大きくすると、彩度が高いために全体のイメージが変わってしまいます。小さな面積で効果は大です。

■配色アイデア-1

35-30-0-60		15-100-100-0	10-5-5-5
66-63-81		217-0-0	218-221-219

■配色アイデア-2

10-0-5-15	30-5-45-60	0-10-100-0	0-10-100-0
196-209-201	72-85-54	255-230-0	

■配色アイデア-3

0-10-15-5	0-40-45-25	0-20-35-25	
241-218-196	188-115-84	189-153-112	

■配色アイデア-4

5-5-5-10	10-0-10-10	0-50-100-0	
218-214-210	208-221-203	255-127-0	
	25-20-5-60		
	76-74-83		

■配色アイデア-5

30-0-25-20	15-15-45-25	0-20-35-25	
144-180-146	162-153-96	189-153-112	

● 補色関係のアクセントカラー

全体が寒色系の場合に、地色に白を使うと、実際よりも明度が低く見えます。場合によっては黒く見えてしまうことさえあります。そうようなときは、赤などの暖色系のアクセントカラーを使うことで、全体の彩度の印象が高くなります。

151

パリのパブリックアート──デファンス地区

環境のなかに置かれた彫刻をパブリックアートといいます。この赤く塗装された彫刻は、パリの新興地区、デファンス地区に設置されたアレクサンダー・カルダーの作品です。無機的で現代的なイメージのこの地区は、ガラスと金属の建物が林立し、ルーブル美術館から続くパリの都市軸線上にあります。軸線上は巨大な空間として解放され、そのなかに、この地区のアクセントとして、カルダーやミロ、アガムの作品などがこの無機的な空間に人間味と色を添えています。そして、それらの作品は、この地区を印象深いものにする役目を担っています。

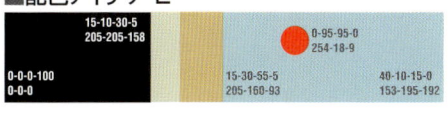

■配色アイデア-1

30-75-15-0	5-30-30-0	50-0-25-5	0-0-0-100	0-45-10-5
176-59-132	239-76-151	121-194-167	0-0-0	236-134-169

■配色アイデア-2

0-0-0-100	15-10-30-5	15-30-55-5	0-95-95-0	40-10-15-0
0-0-0	205-205-158	205-160-93	254-18-9	153-195-192

■配色アイデア-3

10-40-50-60	5-15-20-10	20-0-15-25	15-100-100-0	35-25-35-25
91-59-41	217-192-169	153-176-156	217-0-0	124-123-105

■配色アイデア-4

50-20-5-60	0-45-45-25	25-20-5-60	0-50-100-0	35-15-25-25
51-66-79	18-106-81	76-74-83	255-127-0	124-140-126

■配色アイデア-5

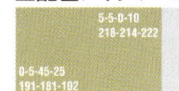

0-5-45-25	5-5-10-0	0-35-0-25	0-50-100-0	35-30-0-60
191-181-102	218-214-222	187-125-157	255-127-0	66-63-81

152

● 色相と明度のアクセントカラー

全体が寒色系で明度が低い場合は、色相・明度の両方の幅を広げるために、2種類のアクセントカラーを使うこともできます。

Part 3 配色の効果

077

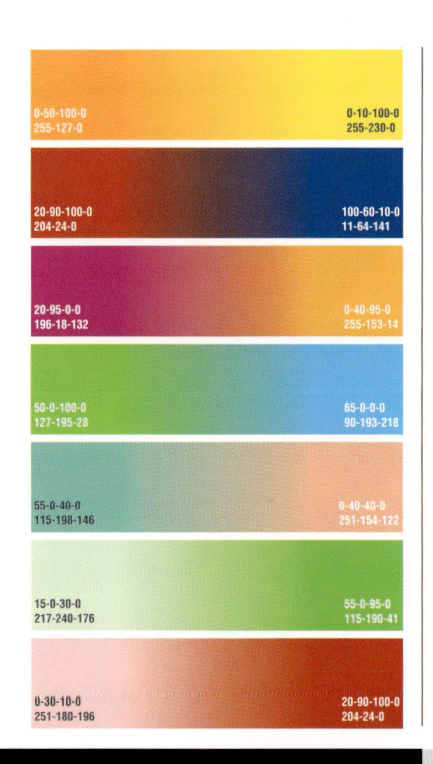

0-50-100-0 255-127-0	0-10-100-0 255-230-0
20-90-100-0 204-24-0	100-60-10-0 11-64-141
20-95-0-0 196-18-132	0-40-95-0 255-153-14
50-0-100-0 127-195-28	65-0-0-0 90-193-218
55-0-40-0 115-198-146	0-40-40-0 251-154-122
15-0-30-0 217-240-176	55-0-95-0 115-190-41
0-30-10-0 251-180-196	20-90-100-0 204-24-0

色相の違いでつくるグラデーション

● **虹はスペクトル**
虹は、ニュートンがプリズムで太陽光を分光した実験と同じ原理で発生します。虹には私たちが見ることのできる色相がすべて含まれています。

153

● **色が見やすくなる**
性質の似ている色がまとまっているので、色数が多くても見やすくなります。

色をつなぐ
グラデーション

▶ グラデーションで色の秩序を
▶ 色数が多くても見やすい配色に
▶ グラデーションで柔らかな曲面のイメージに

C-M-Y-K
R-G-B

一定の規則に従って段階的に変化する配色を「グラデーション」といいます。グラデーションは、色の3属性の色相、明度、彩度それぞれを使ってつくることができます。

彩度のグラデーションには白から純色までの明清色調のグラデーション、グレイから純色までの中間色調のグラデーション、黒から純色までの暗清色調のグラデーションがあります。グラデーションを使うことで動と秩序のある変化をつくることができます。

また、対比の強い補色関係にある2色がとなり合う場合に、グラデーションを使ってつなぐことで、対比を和らげることもできます。

5-0-40-0 242-250-152	0-0-0-5 242-242-242
60-0-10-0 103-19-202	0-0-0-20 204-204-204
0-50-95-0 255-127-13	0-0-0-40 153-153-153
0-65-30-0 248-91-121	0-0-0-60 102-102-102
100-0-80-0 0-141-84	0-0-0-60 102-102-102
95-50-0-0 24-83-162	0-0-0-60 102-102-102
45-85-100-0 140-31-2	0-0-0-75 64-64-64

明度・彩度でつくるグラデーション

● **グラデーションで曲面のイメージ**
グラデーションは段階的に変化する様が、曲面の陰とイメージが重なることから、グラデーションを見ると曲面の柔らかな印象を受けます。

154

078

■配色アイデア-1／色相のグラデーション

20-90-100-0	0-50-100-0	0-10-100-0	100-30-100-0	100-60-10-0
204-24-0	255-127-0	255-230-0	0-96-39	11-64-141

■配色アイデア-2／類似色相のグラデーション

20-90-100-0	15-80-100-0	10-70-100-0	5-55-100-0	0-50-100-0
204-24-0	217-47-1	230-74-1	242-112-0	255-127-0

■配色アイデア-3／対照色相のグラデーション

0-10-100-0	20-20-80-0	50-35-55-0	75-50-30-0	100-60-10-0
255-230-0	204-186-51	128-131-96	68-90-124	11-64-141

■配色アイデア-4／スペクトル

100-100-0-0				5-100-100-0
19-0-124				242-0-0

■配色アイデア-5／明度のグラデーション

0-0-0-0	0-0-0-20	0-0-0-50	0-0-0-75	0-0-0-100
255-255-255	191-191-191	127-127-127	64-64-64	0-0-0

●紅葉のグラデーション
紅葉した葉は、緑の部分と紅葉した部分の境界がグラデーションで結ばれます。

155

●赤と緑の中間は無彩色
補色関係にある2色のグラデーションは、中間が無彩色に近いグレイッシュなトーンの色になります。

曲面にできる陰

曲面の陰はグラデーションで変化します。その変化には明度のグラデーションだけではなく、色相・彩度の変化も見られます。花びらは光を透過するので、密度の高い複雑な形との関係で、微妙なグラデーションを見ることができます。

■配色アイデア-1／明清色調のグラデーション

0-0-0-0	25-15-5-0	50-30-5-0	75-45-10-0	100-60-10-0
255-255-255	191-197-213	128-146-187	69-101-158	11-64-141

■配色アイデア-2／暗清色調のグラデーション

0-0-0-100	25-15-5-75	50-30-5-50	75-45-10-25	100-60-10-0
0-0-0	47-49-53	64-73-93	52-75-118	11-64-141

■配色アイデア-3／暗清色調（無段階）のグラデーション

0-0-0-100				20-90-100-0
0-0-0				204-24-0

■配色アイデア-4／中間色調のグラデーション

0-0-0-15	25-15-5-45	50-30-5-30	75-45-10-25	100-60-10-0
89-89-89	104-108-117	90-102-131	59-86-134	11-64-141

■配色アイデア-5／中間色調（無段階）のグラデーション

0-0-0-15				0-10-100-0
217-217-217				255-230-0

●明清色調のグラデーションで軽いイメージに
純色から白までの明清色調のグラデーションは、ブライトトーンから白まで、ペールトーンから白までなど、グラデーションの幅を広げることもできますし、逆に狭めることもできます。それらのグラデーションを使うことで軽さのイメージを表現することができます。

156

Part 3 配色の効果

空間の広がりを感じるグラデーション

●森にかかったガスは、フィルタとなって樹木の遠近感を明確にするため、見た人に空間の広がりを意識させます。

●空気遠近法で空間の広がりを

近景・中景・遠景の見え方の違いを取り入れると空間の広がりを強調できます。遠景にいくにしたがって物は霞んで青みを帯びて見えます。これは、散乱という現象によるものですが、強調することで空間も際立って見えます。

グラデーションで空間表現

▶ 空の表情を参考に
▶ 遠景は霞んで青みを帯びる
▶ 物との関係が複雑に

C-M-Y-K
R-G-B

私たちは日常生活のなかで、日の出や夕日に染まる空を何度も見ています。それらは色相のグラデーションであったり、明度のグラデーションであったり、ときには彩度のグラデーションであったりと、さまざまな表情のグラデーションを楽しませてくれます。

また、写真撮影の際に、望遠レンズを使ったり、被写体に近づいて撮影したりすると、ピントを合わせた部分よりも後ろにあるものは、焦点が合わずにぼけてしまいます。ピントの合っている部分とぼけている部分とでは、前後関係が強調されて見えるため、意図的にぼかすこともあります。このような「ぼけ」も一種のグラデーションなのです。

空間を生み出すグラデーション

●画面に奥行きを

物と均一の背景の関係だけではおもしろみに欠けます。背景に奥行きをつけることでメインのモチーフと背景の関係が複雑になり、画面に深みを感じるようになります。

■配色アイデア-1／青空のイメージ

95-50-0-0
24-83-162

65-0-0-0
90-193-218

■配色アイデア-2／夕焼けのイメージ1

50-50-10-0
128-104-160

0-65-30-0
248-91-121

■配色アイデア-3／夕焼けのイメージ2

20-90-100-0
204-24-0

0-40-95-0
255-153-14

■配色アイデア-4／夕焼けのイメージ3

95-50-0-0
24-83-162

0-50-100-0
255-127-0

■配色アイデア-5／夜明けのイメージ

40-0-10-10
138-195-191

0-30-10-0
251-180-196

● 空の表情を効果的に
時間によって変化する太陽光と空の関係を配色に取り入れることで、イメージを表現するときに役立ちます。

159

線遠近法による空間表現

空気遠近法と同様に、線によって空間の広がりを表現する方法もあります。平行する2本の線は、奥に行くにしたがって間が狭くなります。

160

Part 3 配色の効果

■配色アイデア-1

95-50-30-20
18-63-97

5-0-40-0
242-250-152

■配色アイデア-2

0-10-100-0
255-230-0

95-50-0-0
24-83-162

5-0-40-0
242-250-152

■配色アイデア-3

0-50-95-0
255-127-13

5-0-40-0
242-250-152

■配色アイデア-4

95-50-0-0
24-83-162

60-0-10-0
103-197-202

■配色アイデア-5

95-50-0-0
24-83-162

0-0-0-75
64-64-64

161

● ぼかしによって
　前後関係を強調
ぼかしによって前後関係が強調され、画面に奥行きができます。

162

081

エキゾチックなグラデーション

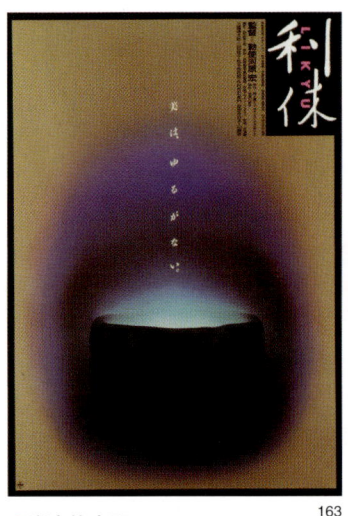

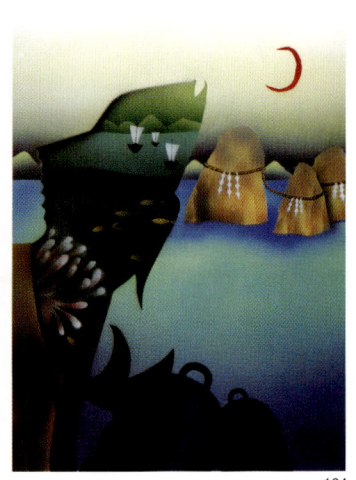

幽玄的空間
人は期待と不安から創造性を豊かにします。夜・闇・深海など、はっきりとものの見えない空間に身を置くことで、さまざまな幻想的なものを想像します。それらは低彩度の寒色系の色が適していて、グラデーションとの組み合わせにより、吸い込まれていくような深い空間、幽玄的な空間を表現することが可能になります。

グラデーションで幻想的な雰囲気に

▶ 寒色系は神秘的な表現に
▶ 明け方・夕方・夜のイメージが効果的
▶ 暖色系・明度の高いトーンはメルヘンチックな表現に

C-M-Y-K
R-G-B

吹雪のなかで霞んで見える木々、朝靄のなかの光景など、静的でぼんやりとしか見えない風景は、状態は幻想的な印象を受けます。また、雲の状態などで、夕日が今までに見たことのないような色をしているときなどにも幻想的な感覚を覚えます。

幻想的な感覚は、背景のなかにものが溶け込んで見えた状態、つまりものと背景がグラデーションでつながれたときに、感じるものです。

絵画のなかに空間を表現する技法として空気遠近法がありますが、これは遠くの山を見たときに霞んで青みがかって見える状態などを技法として形式化したもののことをいいます。こうした技法を使うことで、幻想的なイメージを表現できます。

メルヘンチックなグラデーション

明るめのトーンでメルヘンな空間に
明るめのライトトーン・ペールトーンを中心にした配色にグラデーションを使うことで、メルヘンチックな幻想世界を表現できます。

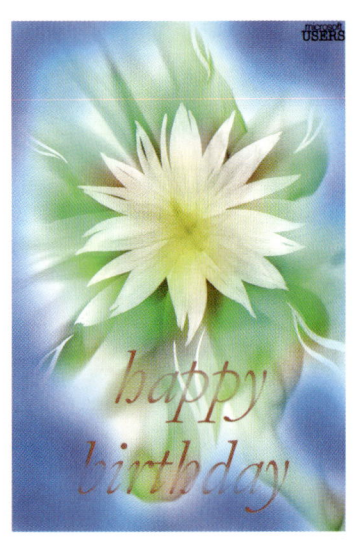

■配色アイデア-1
70-85-95-5
74-25-13
70-25-45-0
79-136-119
30-25-50-5
169-159-105

■配色アイデア-2
55-45-10-0
117-112-163
20-70-75-5
192-67-41
75-30-40-15
57-106-105

■配色アイデア-3
85-50-60-5
40-77-76
95-50-30-20
18-63-97
20-70-75-5
192-67-41
30-25-55-10
161-151-91

■配色アイデア-4
60-15-25-5
98-157-153
95-50-0-0
24-83-162
95-50-30-20
18-63-97

■配色アイデア-5
70-85-95-5
74-25-13
60-40-30-15
88-99-114
95-50-30-20
18-63-97

167

168

● 異国情緒のある空間
日本的な要素による表現ですが、どことなく異国情緒のあるエキゾチックな空間になっています。これらも低彩度の色を中心とした配色でグラデーションがそのイメージを表現するのに役立っています。

オーロラ

実際に見ることが難しいオーロラは、自然がつくりだす神秘的なグラデーションの代表です。大空に繰り広げられる光の帯のきらめきは、多くの人に感動を与えます。

169

■配色アイデア-1
70-25-45-0
79-136-119
20-90-80-10
183-22-26

■配色アイデア-2
55-45-10-0
117-112-163
40-0-10-10
138-195-191

■配色アイデア-3
95-50-30-20
18-63-97
70-25-45-0
79-136-119

■配色アイデア-4
60-15-25-5
98-157-153
0-10-10-5
241-218-207
30-25-50-5
169-159-105

■配色アイデア-5
30-25-55-10
161-151-91
20-15-10-5
193-190-194
0-10-10-5
241-218-207

● きらめくものを
寒色系を使っていても、瞬く光とグラデーションによって、メルヘンチックな印象になります。

Part 3　配色の効果

明度の低いセパレートカラー

● 補色関係の対比を弱める

対比の強い配色で、補色関係にある色どうしはとても派手な組み合わせです。黄と青紫や青は明度差もあるのでそのままでも強く見えますが、強すぎる対比を抑えるために低彩度のセパレートカラーを入れることで、いくぶん落ち着いた印象になります。

対比を弱める セパレートカラー

▶ 無彩色が効果的
▶ 低彩度の色が有効
▶ セパレートカラーが全体の明度に影響することも

C-M-Y-K
R-G-B

補色関係にある純色どうしをとなり合わせにすると、強い対比の配色になります。それが効果的な場合もありますが、赤と青緑のように明度が同じ場合や、色相が類似している場合は、不明瞭な配色になります（P.062）。

そのようなときに2色の間に無彩色または明度差のある色相、トーンの異なる色などを置くことで、不明瞭さを解消することができます。そのような役目の色のことを「セパレートカラー」といいます。また、グラデーションをセパレートカラーとして使うこともできます。

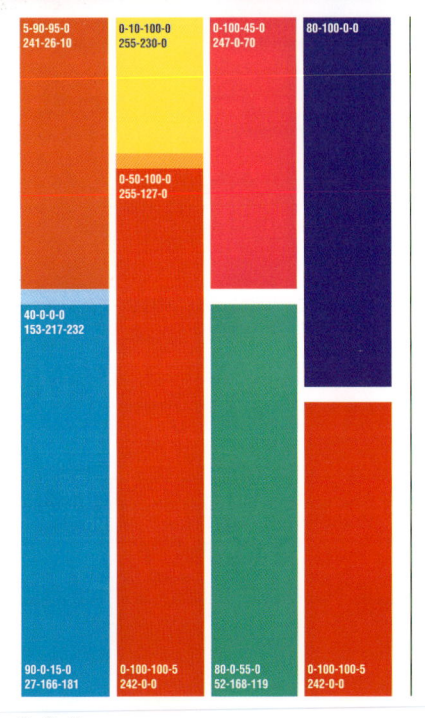

明度の高いセパレートカラー

● 自然現象のなかにもセパレートカラーが

シャボン玉のような薄い膜に色光を当てると、光の干渉により表面にさまざまな色が見える現象が起こります。これは、その現象を利用して撮影した写真ですが、そのなかにセパレートカラーを見ることができ、自然に色の対比を和らげています。

■配色アイデア-1
100-55-60-0
3-66-78
20-85-80-0
203-36-30
100-0-0-0
0-160-198

■配色アイデア-2
0-0-0-60
102-102-102
20-85-80-0
203-36-30
100-0-0-0
0-160-198

■配色アイデア-3
0-0-0-75
64-64-64
95-70-5-0
27-50-141
0-50-95-0
255-127-13

■配色アイデア-4
0-50-95-0
255-127-13
90-55-100-0
26-67-22
0-0-0-100
0-0-0
20-100-90-0
203-0-13

■配色アイデア-5
90-10-0-0
28-153-196
95-70-5-0
27-50-141
0-0-100-0
255-255-0

● 細かな色面にセパレートカラーを使うと全体の明度に影響する

赤と緑の補色関係にある同明度の2色を使った配色で、対比を弱める目的で黒のセパレートカラーを使う場合、細かな柄になっていると、黒の影響で全体の明度が低くなってしまいます。下のテクスチャでは、黒以外に、赤に近く明度の高いオレンジ色を使うことで、全体の明度を維持しています。

172

173

植物に見るセパレートカラー

■配色アイデア-1
COLOR
100-0-0-0
0-160-198
5-95-0-0
229-20-133

■配色アイデア-2
COLOR
100-0-0-0
0-160-198
5-95-0-0
229-20-133

■配色アイデア-3
COLOR
0-100-75-20
201-0-26
90-55-100-0
26-67-22

■配色アイデア-4
COLOR
95-70-5-0
27-50-141
0-100-75-20
201-0-26

■配色アイデア-5
COLOR
100-0-0-0
0-160-198
5-90-95-0
241-26-10

174

● アクセントカラーの見え方を強調するセパレートカラー

アクセントカラーと背景の色との強い対比を和らげることによって、アクセントカラーの見え方を明瞭にし、より強調することができます。

175

Part 3 配色の効果

単色のセパレートカラーで引き締める

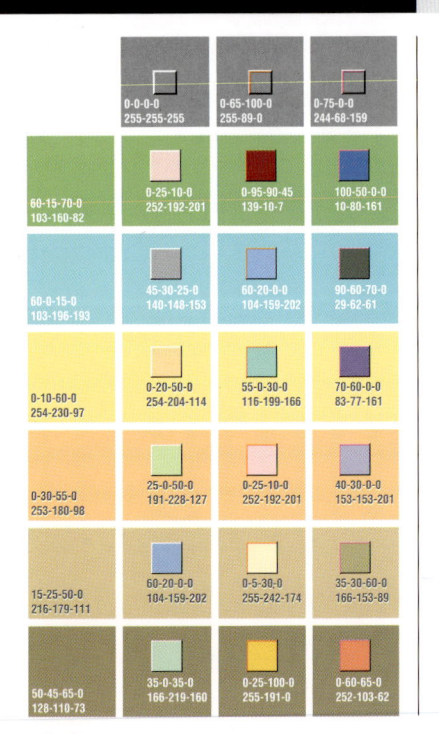

● 細い線でシャープな印象に
全体の明度が同じ場合、それぞれの要素が背景になじんでしまうことがあります。そのような場合、セパレートカラーを使うと、全体がシャープな印象になり、見え方を強くすることができます。

図と地の関係で明度差がない場合、図の見え方は弱くなります。そのようなときにセパレートカラーを図と地の接する境界部分に入れることによって、図の見え方が強くなります。

この場合、セパレートカラーはアクセントカラーとしての働きをすることもあります。あまりにも図と地の色と明度差や色相差のある色を使うと、全体がはっきりするものの、逆に輪郭だけが強くなりすぎて不明瞭になったり、全体の印象そのものが変わってしまうこともあります。

また、使う色の選択と同様、セパレートカラーの幅も重要です。赤などの誘目性の高い色を使う場合はセパレートカラーの幅を狭くするとよいでしょう。

全体を締める セパレートカラー

▶ 細い線でシャープに
▶ それぞれの色をクリアに見せる
▶ 物の関係を表現する

C-M-Y-K
R-G-B

複数のセパレートカラーで引き締める

● 色みを増やす働きをするセパレートカラー
セパレートカラーに有彩色を使うことで、全体の印象を変えずに色を増やすことができます。彩度の高い色を加えると、全体の鮮やかさの印象も少し高くすることができます。このように微調整を加えることで、イメージは変わらなくても、見た印象を変えることができるのです。

■配色アイデア-1

| 0-25-10-0 | 100-50-0-0 | 30-5-15-0 |
| 252-192-201 | 10-80-161 | 179-214-200 |

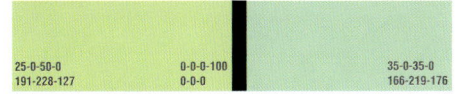

■配色アイデア-2

| 25-0-50-0 | 0-0-0-100 | 35-0-35-0 |
| 191-228-127 | 0-0-0 | 166-219-176 |

■配色アイデア-3

| 0-20-50-0 | 0-100-100-20 | 20-10-25-0 |
| 254-204-114 | 204-0-0 | 204-212-176 |

■配色アイデア-4

| 5-95-0-0 | 0-0-0-20 | 0-0-0-80 |
| 229-20-133 | 204-204-204 | 51-51-51 |

■配色アイデア-5

| 70-60-50-10 | 40-10-90-0 | 80-60-10-0 |
| 72-66-79 | 153-188-41 | 58-72-145 |

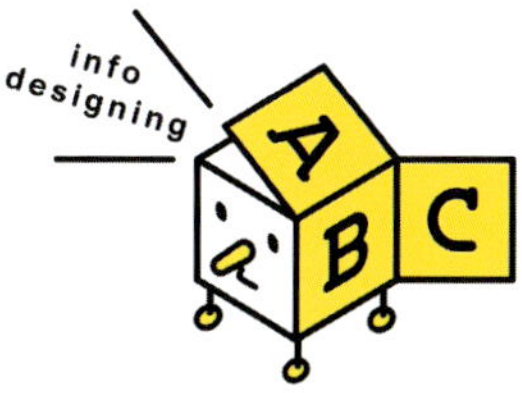

180

179
Go!Go!Conniechan!
© kerokeroking/FCC

● セパレートカラーで
　色の見え方をクリアに
セパレートカラーを使うことで、使っている色をクリアに見せることができます。

181

環境の色に同化しないための
セパレートカラー

道路標識は、設置される場所によって背景に見えるものが変わります。そこで、環境の色に同化して見え方が弱くなることを防ぐために、周囲を白にして、標識を目立たせています。

Part 3　配色の効果

■配色アイデア-1

COLOR

20-10-25-0　　　55-20-35-0
204-212-176　　116-159-141

■配色アイデア-2

COLOR

20-10-25-0　　　55-20-35-0
204-212-176　　116-159-141

■配色アイデア-3

COLOR

0-50-55-0　　　5-90-95-0
252-128-86　　241-26-10

■配色アイデア-4

COLOR

0-10-40-0　　　0-25-10-0
254-230-146　　252-192-201

■配色アイデア-5

COLOR

35-0-5-0　　　0-25-10-0
167-221-224　　252-192-201

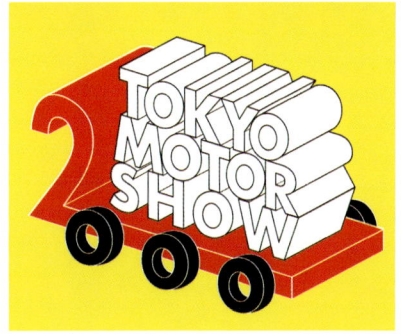

182

● 関係に変化をつけるセパレートカラー
セパレートカラーの対比を強める働きと、対比を弱める働きを同時に使うことで、物の前後関係などを示すこともできます。

087

黒のセパレートカラーで強い印象に

183

184

● 黒で線を太くすることでインパクトを
対比の強く彩度の高い配色でも、セパレートカラーに黒を使い、その線を太くすることでより印象の強いものになります。

輪郭線の太さで印象を調節する

▶ 強調するときには太い線で
▶ 全体のイメージ重視のときは同系色の色で
▶ かわいらしさは細い線で

C-M-Y-K
R-G-B

となりどうしに配置された色の対比を弱めたり、引き締めたりするときはセパレートカラーを使います。「かわいい」「キュート」などのイメージを表現するときはセパレートカラーとなる輪郭線の幅を細くすると効果的で、逆に「重い」「強い」などの力強いイメージのときは線を太くします。このように、表現するイメージによってセパレートカラーの太さを調節するとよいでしょう。

セパレートカラーが有彩色の場合には、全体のイメージに従って色相を選びます。対比の強い色をセパレートカラーとして選ぶときには線幅を細く、対比の弱い色を選んだ場合は太くして、全体のイメージに与える影響を調節します。

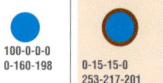

有彩色で印象の変化を抑える

185

● 同系色のセパレートカラー
全体のトーンのイメージを重視する場合は、セパレートカラーに黒のような強い色は使わずに、同系色でイメージに隔たりを感じない色を選びます。主役を引き立てつつも全体のイメージを壊さない配色になります。

088

■配色アイデア-1
APRIL
0-0-0-40 / 153-153-153
0-0-100-0 / 255-255-0

■配色アイデア-2
APRIL
5-90-95-0 / 241-26-10
0-0-25-0 / 255-255-191

■配色アイデア-3
APRIL
85-45-0-0 / 46-96-170
10-60-5-0 / 223-100-167

■配色アイデア-4
APRIL
0-0-0-20 / 204-204-204
0-50-100-0 / 255-127-0

■配色アイデア-5
APRIL 
0-10-40-0 / 254-230-146
65-0-0-0 / 90-193-218

● 優しいトーンでも強い印象を
使うトーンがペールトーンやライトトーンであっても、黒の太いセパレートカラーを使うことで、強い印象の配色になります。その場合、トーンのイメージは弱まります。コミックなどで色に補助的な役割しかなく、あくまでも線による形を重視する、形による情報が重要なときなどに、このような使い方をします。

● 線を細くすることでかわいらしさを
セパレートカラーの線を細くすることで、かわいらしいイメージを保つことができます。同系色または高彩度の色にすることで、全体の印象は弱くなりますが、楽しさやかわいらしさを強調することができます。

■配色アイデア-1／線の色は0-80-60-0/250-52-61
APRIL
0-10-40-0 / 254-230-146
0-5-25-0 / 255-242-186

■配色アイデア-2／線の色は95-70-5-0/27-50-141
APRIL
35-0-5-0 / 167-221-224
0-5-25-0 / 255-242-186

■配色アイデア-3／線の色は5-45-0-0/236-139-196
APRIL
30-5-20-0 / 179-214-189
0-5-25-0 / 255-242-186

■配色アイデア-4／線の色は0-60-60-0/251-103-71
APRIL
0-15-15-0 / 253-217-201
0-5-25-0 / 255-242-186

■配色アイデア-5／線の色は55-15-20-5/110-162-164
APRIL
50-10-15-5 / 229-214-194
0-5-25-0 / 255-242-186

©ソエジマケイタ

Part 3 配色の効果

高明度の色を下において浮遊感を

●下部の明度を高くして軽快感を
下部の明度を高くすることで作品の重心が高くなります。軽さ、軽快感などを表現するのに適しています。

色の重心で印象が変わる

▶ 高明度の色を下にして軽さを
▶ 低明度を下にして安定感のあるイメージを
▶ 動きのある表現には高明度の色を下に使う

C-M-Y-K
R-G-B

軽・重感（P.026）を色で表すときには、明度の高い色で軽さを、明度の低い色で重さを表現します。その際、色の重心を操作することで、より軽・重感を豊かに表現することができます。

明度の低い色を上に、明度の高い色を下に配置することで重心は高くなります。そうすると浮遊感が生まれ、軽い印象を与えます。逆に、明度の低い色を下に、明度の高い色を上に配置すると重心が低くなり、明度の低い色が下に沈殿したように感じられて、重く動きのない印象になります。安定感を表現するときにはこの方法が適しています。このように、色だけでなく配置の方法によっても軽・重感の印象が変わるのです。

低明度の色を下において重量感を

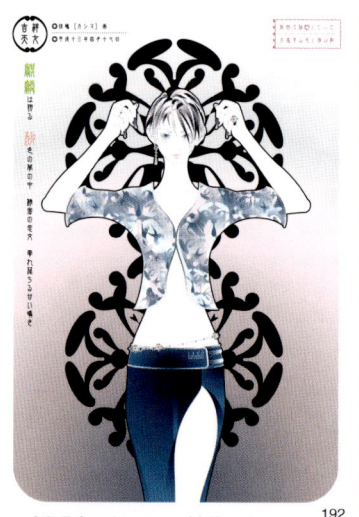

●低明度のトーンで神秘さを
明度の低い色を下部に配置することで、静的な安定感のあるイメージが強くなります。さらに、明度の低いトーンの色を使うことで神秘的な印象の作品になります。

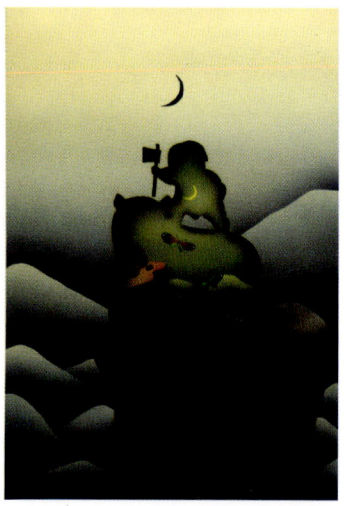

■配色アイデア-1
90-65-40-0
33-57-98
65-0-0-0
90-193-218

■配色アイデア-2
70-60-85-0
78-70-37
0-0-30-0
255-255-179

■配色アイデア-3
0-0-0-100
0-0-0
0-0-0-5
242-242-242
0-0-0-15
217-217-217

■配色アイデア-4
90-50-30-20
18-63-97
0-30-75-0
254-179-55

■配色アイデア-5
20-95-85-5
192-15-20
0-0-30-0
255-255-179

194

●明度関係のつながりを保つ
上下で明度関係をはっきりと分けてしまうと、上下のつながりが弱くなってしまいます。上下のつながりを保ち、作品全体のイメージを損なわないようにしなければなりません。上の作品では、同心円によってつながりをつくっています。

195

構図によって変わる重心
2枚の写真は同じ場所を写したものですが、空の面積を多く写すか、地面の面積を多く写すかによって重心が変わります。地面の面積を広くするほど重く感じられるようになります。

●赤系統の色相によって強い作品に
夕日をイメージさせる色合いで、赤系統の明度の低い色を下部に配置すると、大地に根づいた力強さと秘めたエネルギーを感じる魅惑的なイメージになります。

■配色アイデア-1
0-0-30-0 
255-255-179
50-85-100-0
127-30-2

■配色アイデア-2
65-0-0-0
90-193-218
95-50-30-20
18-63-97

■配色アイデア-3
0-0-0-20
204-204-204
0-0-0-5
242-242-242
0-0-0-100
0-0-0

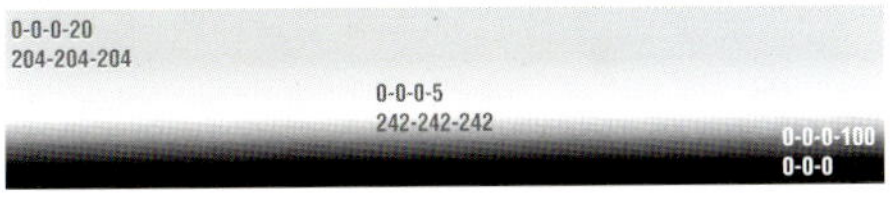

■配色アイデア-4
15-10-35-0
217-216-155
90-65-40-0
33-57-98

■配色アイデア-5
0-0-30-0
255-255-179
0-50-100-0
255-127-0
70-85-95-5
74-25-13

196

197

Part 3 配色の効果

色と陰影

私たちが日常生活のなかで見ている色や形は、光がなければ見ることはできません。また、光の強弱によって、色や形の印象も大きく変わっていきます。配色を考える場合にも、光の強弱をイメージすることで、配色の方向性が決まり、色を選びやすくなります。

陰影は光の状態によって現れ方が違います。光が強いと光の当たっている面と陰影とのコントラストは高くなり、光が弱いとコントラストは低くなります。また、光には熱が含まれているので、強い光は暖かさも感じさせます。このように、光の状態を考えることで、配色の方法を見つけだすこともできます。

また、物体を立体的に表現するとき、位置関係を示したり、形のつながりを表現したり、ものを強調したりするときにも、利用することができます。

強い光

陰影によって頭・胴体・手足がつながってひとつの形として見えます。

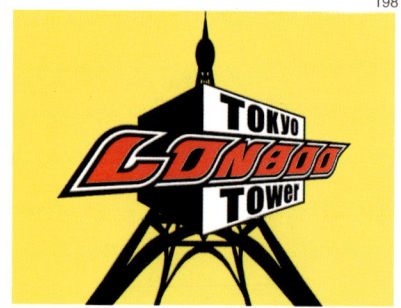

ハイコントラストの表現で、強いイメージの配色になります。

同じ看板ですが日向と日影で色の見え方が違います。

柔らかい光

強い赤を使っていますが、光が柔らかなので優しい赤に見えます。

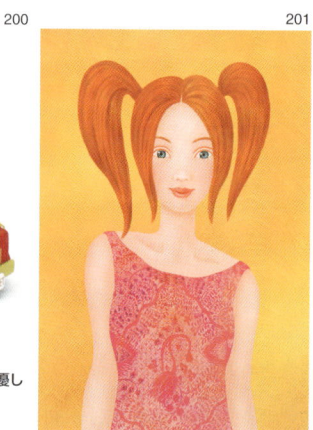

Part 4
配色のバランス

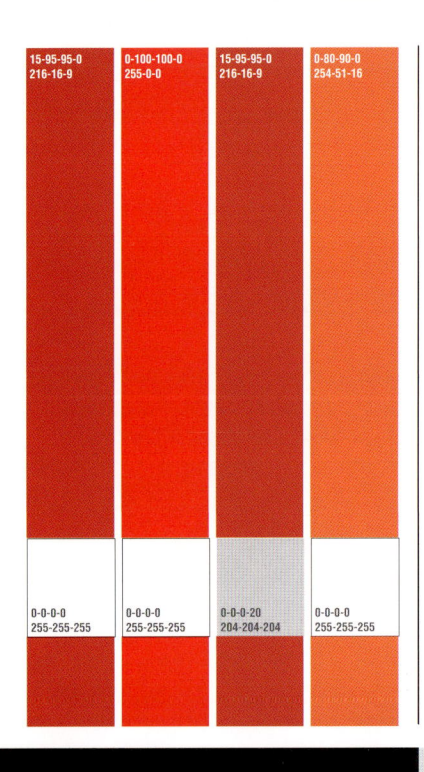

暖色系の1色で表現する

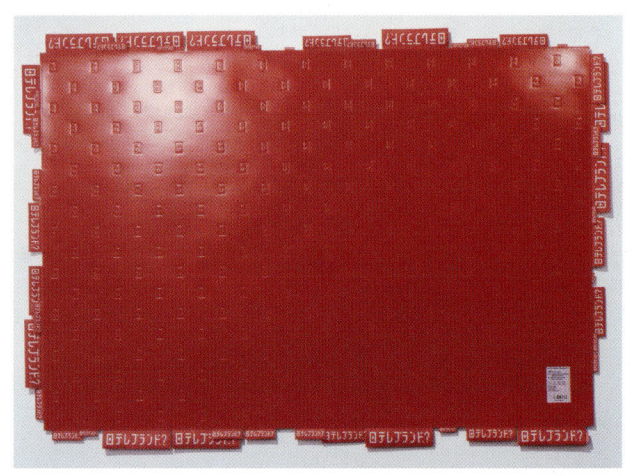

● 注目を集める赤・オレンジ色
誘目性の高い色を使うことで、離れた場所からでも人の注目を集めることができます。

1色で表現する

▶ 色のイメージが重要
▶ 暖色系のほうが寒色系よりも強く見える
▶ 背景が白の場合は明度が低く見える

1色で表現する場合は、配色としてのイメージではなく、使う色のイメージがストレートに伝わります。抽象的連想では暖色系の赤は情熱・危険などを、オレンジ色は元気・喜びなどを、寒色系の緑は自然・安全などを、青は鎮静・清涼感などをイメージさせます（P.020）。

具体的な連想を利用した配色は食品関係に多く、原材料を連想する色を使うことで、文字などの情報を見る前にどのような製品であるのかを伝達することができます。

また、色のイメージよりも誘目性（P.056）の高さを利用することもできます。まず人の注目を集めてから、二次的に主題が見えてくるようなすのです。

寒色系の1色で表現する

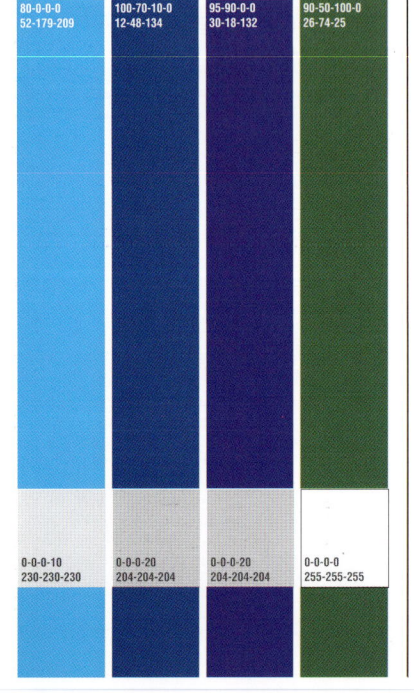

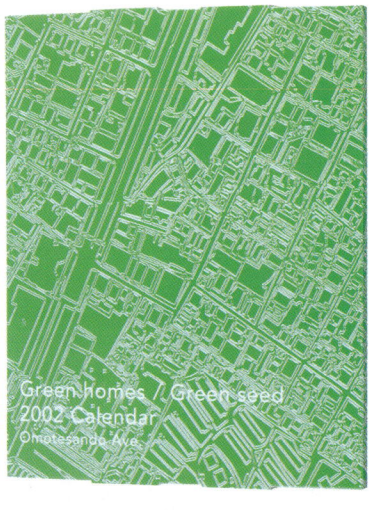

● 知的なイメージには寒色系の青
見え方の強さは暖色系にはかないませんが知的で静的なイメージの表現には寒色系の緑・青が適しています。

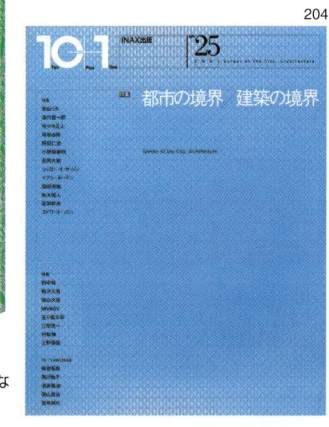

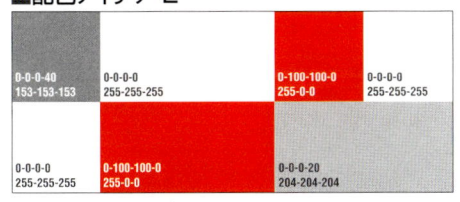

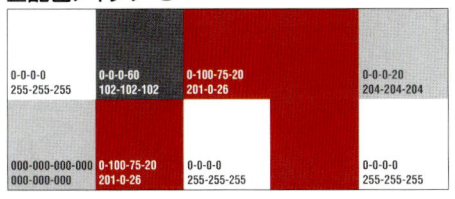

■配色アイデア-1

0-0-0-0	0-100-75-20		0-0-0-20
255-255-255	201-0-26		204-204-204
0-0-0-20	0-0-0-40	0-0-0-0	
204-204-204	153-153-153	255-255-255	

■配色アイデア-2

0-0-0-40	0-0-0-0	0-100-100-0	0-0-0-0
153-153-153	255-255-255	255-0-0	255-255-255
0-0-0-0	0-100-100-0	0-0-0-0	
255-255-255	255-0-0	204-204-204	

■配色アイデア-3

0-0-0-0	0-0-0-60	0-100-75-20	0-0-0-20
255-255-255	102-102-102	201-0-26	204-204-204
000-000-000-000	0-100-75-20	0-0-0-0	0-0-0-0
000-000-000	201-0-26	255-255-255	255-255-255

205

206

● 元気な印象を与える赤・オレンジ色
赤系統の色は人を興奮させる色なので、元気さや活発さなど、動的なイメージを表現するのに適しています。

文字や形態の情報の伝達を重視する場合は、背景を白にして低明度の寒色系や黒を使うことで、視認性の高い見せ方をすることもあります。黄などの純色は明度が高いので背景が白では視認性が低くなります（P.054）。

ピクトグラム

文字情報がなくても、形や色で内容を表すような絵文字のことを、ピクトグラムといいます。ピクトグラムには、よく色のイメージが使われています。トイレなどの表示には性別のイメージを表す色、女性は赤、男性は青が使われています。また、リサイクルや非常口を表すものには、自然や安全をイメージする緑が使われています。

Part 4 配色のバランス

■配色アイデア-1

0-0-0-0	100-60-0-0		0-0-0-0
255-255-255	12-65-154		255-255-255
0-0-0-20	0-0-0-0	0-0-0-80	0-0-0-0
204-204-204	255-255-255	51-51-51	204-204-204

■配色アイデア-2

0-0-0-60	90-50-100-0		0-0-0-0
102-102-102	26-74-25		255-255-255
000-000-000-000	0-0-0-0		0-0-0-40
000-000-000	255-255-255		153-153-153

■配色アイデア-3

0-0-0-0	80-0-0-0	
255-255-255	52-179-209	
80-0-0-0		0-0-0-20
52-179-209		204-204-204

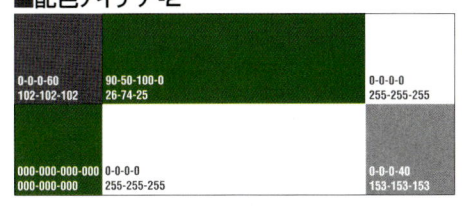

207

208

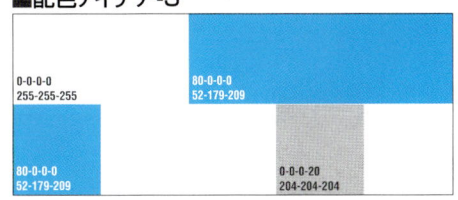

● 視認性を高くする緑・青
背景が白の場合、純色でも明度が低い緑・青や黒を使うことで視認性が高くなり、文字・形態の情報を見た人に強くアピールすることができます。

095

寒色系のドミナントカラー配色

● グラデーションで明度・彩度の幅を広げる
グラデーションでは明度・彩度を段階的に変化させて見せることができます。グラデーションを複数つくることで、複雑なトーンの変化が生まれ、透明感が強調されます。

類似色相では トーンの幅を広く

▶ ドミナントカラー配色で色相のイメージを強調
▶ 明度差を重視で強い配色に
▶ 彩度差を重視して色の印象の強い配色に

C-M-Y-K
R-G-B

「ドミナントカラー配色」という配色法があります。ドミナントとは「支配的な」という意味で、全体をひとつの色相でまとめ、統一感を出す配色方法のひとつです。

この配色法では色相に共通性があるので、トーンに変化をつけてイメージを広げます。強い印象を与えるためには、高彩度のビビッドトーンと明度差のある対照トーン、たとえば、ビビッドトーン、ペールトーンとダークグレイッシュトーンなどの組み合わせを選びます。全体の印象を弱くするには、明度差の変化の少ない類似トーン、ブライトトーンとライトトーンなどを選びます。また、彩度差のあるトーンの組み合わせも、表現手法として有効です。

暖色系のドミナントカラー配色

209

● 低彩度の赤はシックなイメージに
彩度の低い赤は表情が和らぎ、どことなくシックで落ち着いた雰囲気を表します。また、秘めた情熱・エネルギーを蓄えている強さなども感じられます。

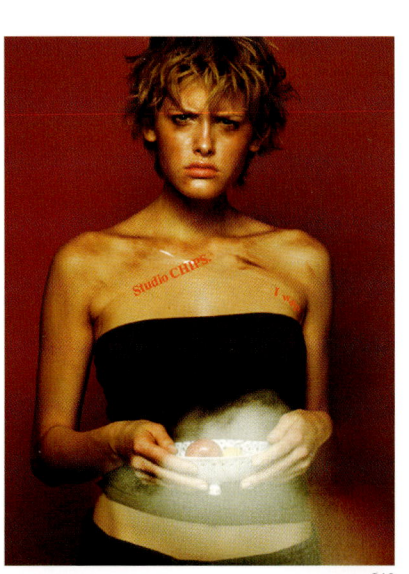

210

■配色アイデア-1

40-5-5-0	20-5-0-5	35-5-5-0	35-15-0-15	100-40-0-0
182-211-231	193-213-225	201-220-233	171-184-207	0-125-189

■配色アイデア-2

100-0-40-40	40-0-25-5	60-0-30-15	30-0-20-0	40-0-25-5
0-118-128	179-208-198	131-178-176	204-225-214	179-208-198

■配色アイデア-3

100-70-0-20	20-10-5-0	40-30-0-10	90-70-30-15	30-25-0-20
0-79-137	209-214-223	164-168-199	56-84-121	169-168-191

■配色アイデア-4

30-0-10-0	100-0-35-40	95-0-25-0	65-0-20-30	20-0-5-20
194-222-230	0-116-133	0-164-195	107-155-167	191-204-208

■配色アイデア-5

75-15-0-0	90-50-5-15	100-15-0-20	65-20-0-15	100-35-040
102-170-220	59-109-159	0-132-187	115-157-196	0-98-143

● 神秘的な青

トーンの幅を広げることで、神秘的な表情が表現できます。明度の低いトーンを下部に配置することで静的な深海の深さを表現し、そのなかに明度の高いものを配置することで、より暗さを強調しています。

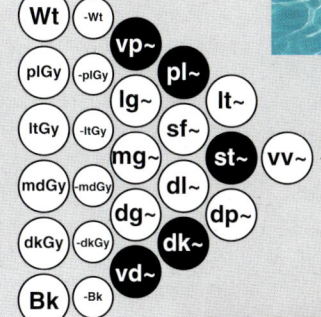

211

212

■配色アイデア-1

0-10-100-5	0-20-100-20	0-5-30-5	10-20-65-0	20-40-100-30
246-221-0	214-184-0	245-235-193	231-208-125	164-135-0

■配色アイデア-2

20-60-80-30	0-15-25-0	30-70-100-15	0-40-70-0	0-60-100-0
157-109-64	258-227-199	161-101-7	234-179-105	224-139-0

■配色アイデア-3

10-100-100-15	0-55-55-0	20-100-100-15	10-100-100-0	0-35-35-0
172-0-0	212-148-121	161-0-0	191-0-0	236-191-166

■配色アイデア-4

0-50-35-0	0-80-60-20	0-40-30-0	30-100-70-15	30-70-50-30
220-156-148	184-86-84	233-184-169	150-0-63	142-93-95

■配色アイデア-5

0-60-0-15	0-5-0-10	15-75-0-0	0-100-20-10	0-100-20-40
200-133-160	235-230-233	195-108-160	191-0-107	147-0-86

● 強い赤紫系の赤はセクシーに

表現されているモチーフによっても違いますが、強い赤紫系の赤はセクシーに見えます。情熱的なイメージを引き出す赤系統の色の性質です。

213

色相の差が少ないときの配色

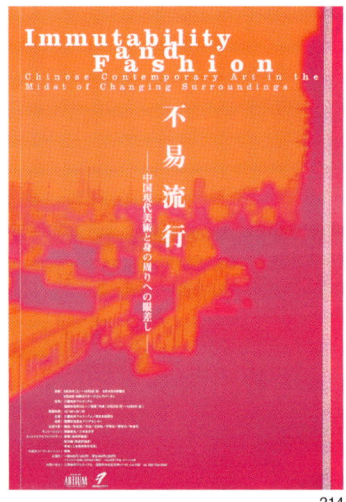

●表現の内容によって明度関係を考える

モチーフが抽象的な場合には明度差をつけず、色相差のない配色をすると効果的です。逆に色相のイメージを重視しつつ、明確な形を見せる場合には、明度差をつけるとよいでしょう。

2色の配色では色相を変える

▶ 表現するイメージで色相差を
▶ 色相が離れると対比が強くなる
▶ 色相差・明度差のない場合は工夫が必要

C-M-Y-K
R-G-B

2色による配色は、色相差を明確に見せるのが難しく、選んだ色相の組み合わせによっては、あまり差が感じられないこともあります。

そのような場合、ある程度の対比を生むためには、類似色相における配色のときと同様に、トーンの幅を広げて使う必要性があります。

その際、使う2色のうち、色相環の黄に近い色相の明度を高く、青紫に近い色相を明度の低いトーンにすると、自然な感じの配色になります。逆に黄に近い色相の明度を低くし、青紫に近い色相の明度を高くすると、人工的な印象の配色になります。これは、複数の色相を使った配色すべてに関係するので、覚えておくとよいでしょう。

色相の差があるときの配色

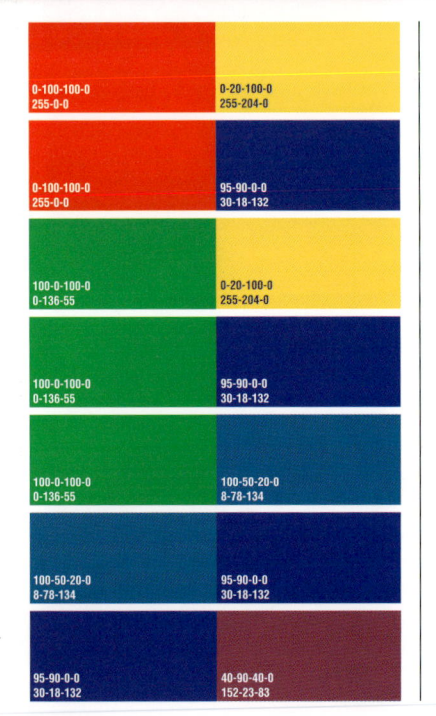

●彩度を下げても強い対比

色相差がある場合は、彩度の低いトーンを使っても、比較的強い対比の配色になります。

■配色アイデア-1

0-100-100-0	0-20-25-0	0-50-70-0	0-100-100-60	0-100-100-30
204-0-0	245-218-194	229-160-97	115-0-0	161-0-0

■配色アイデア-2

0-15-70-0	40-0-70-0	0-5-30-0	60-0-100-60	60-0-100-0
250-223-117	188-210-125	254-243-199	88-110-11	149-188-38

■配色アイデア-3

100-50-20-30	100-0-100-0	30-0-30-0	70-35-15-0	100-50-20-0
0-92-129	0-150-52	204-224-194	114-149-183	0-112-158

■配色アイデア-4

65-60-0-0	30-15-5-0	100-50-200	100-50-20-60	65-60-0-0
119-118-172	197-206-233	0-112-158	0-66-94	119-118-172

■配色アイデア-5

0-20-100-0	40-0-70-0	0-20-100-30	15-0-30-0	0-20-100-60
248-212-0	185-210-125	196-169-0	231-239-201	139-121-0

218

● 色相差のないときは
　トーンに差を
色相差のないときはトーンに差をつけることで、明確でな対比のある配色になります。

自然のなかの2色配色

219

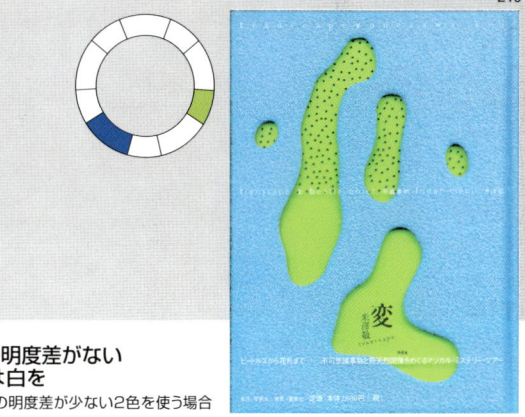

● 2色の明度差がない
　場合は白を
純色どうしの明度差が少ない2色を使う場合は、背景を白や2色との明度差のある色にすることで、2色の配色を目立たせるとよいでしょう。また、セパレートカラー（P.084〜089）を使うのも有効です。右の作品は、立体の陰影がセパレートカラーの役目を果たしています。

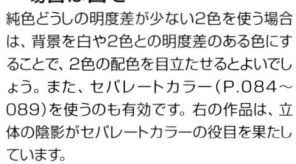

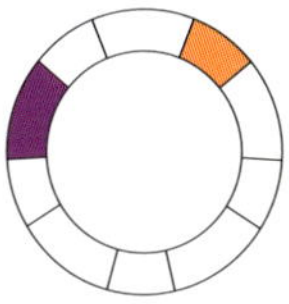

■配色アイデア-1

0-100-100-30	0-14-70-0	0-100-100-0	0-10-40-0	0-100-100-60
161-0-0	250-214-217	204-0-0	251-234-178	115-0-0

■配色アイデア-2

0-20-100-0	100-0-100-30	0-10-40-0	100-0-100-0	100-0-100-60
248-212-0	0-123-43	251-234-178	0-150-52	0-89-27

■配色アイデア-3

100-0-100-30	15-0-15-0	100-0-100-60	100-50-20-60	40-0-40-0
0-123-43	230-239-226	0-89-27	0-60-94	186-214-180

■配色アイデア-4

40-35-0-0	65-65-0-0	95-90-0-60	40-90-40-30	95-90-0-0
172-171-206	78-110-166	4-28-79	125-54-89	41-56-133

■配色アイデア-5

100-0-100-0	40-20-10-0	100-0-100-60	100-0-100-30	70-35-15-0
0-150-62	178-191-209	0-89-27	0-123-43	114-149-183

220

Part 4　配色のバランス

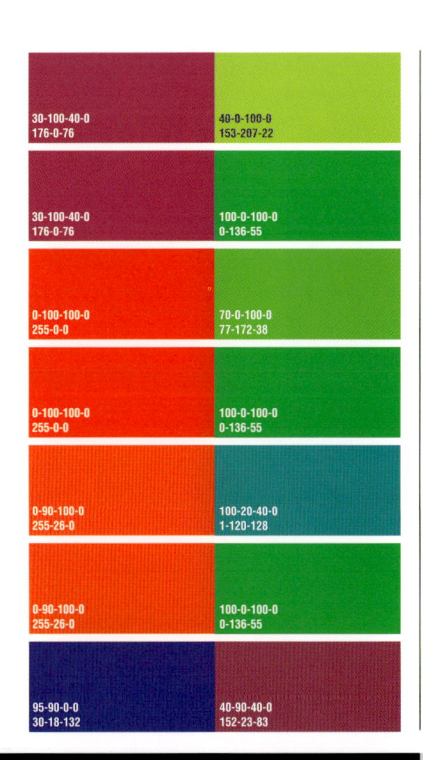

明度差が小さい補色色相の配色

221

●高明度の色が重要
赤と青の配色は明度差が少ないため、高明度の色の使い方によって、見え方に違いができます。とくに白の使い方で印象が大きく変わってきます。

222

補色色相による2色の配色

▶ 補色関係でも明度差で見え方が異なる
▶ 明度差がないときは白の使い方が決め手
▶ 明度差があるときは純色どうしの対比の強い配色を

C-M-Y-K
R-G-B

対照色相・補色色相による配色はよく使われる色づかいのひとつです。これは補色の性質を生かし、それぞれの色が他の色をよりあざやかに美しく見せる、対比の強い配色です。

黄と青紫、オレンジと青のように明度差のある補色関係の色相は、彩度の高い色をとなり合わせても視認性の高い配色になりますが、赤と青緑のように明度差がない場合は、鮮やかであっても、不明瞭な配色になってしまいます。この場合、セパレートカラーとして無彩色、もしくはそれに近い明度の高い色を入れることで、対比が強く視認性の高い配色になります。フランス国旗などの配色で知られているトリコロール配色はその代表だといえるでしょう。

明度差が大きい補色色相の配色

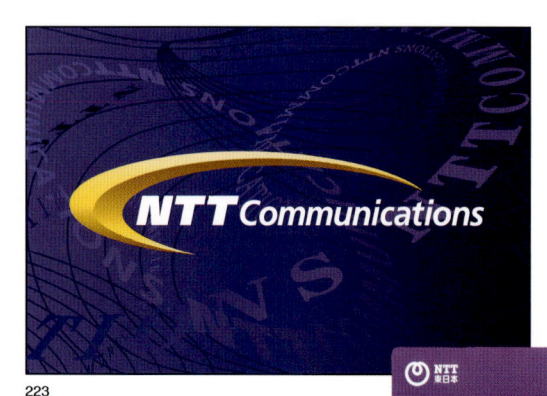

223

224

●純色の明度差がある配色
純色どうしの明度差があるときは、対比の強い配色ができるため、逆に強すぎる対比を抑える工夫が必要になることもあります。どちらかの彩度を低くしたり、背景に低彩度の色を使ったりすることで、対比を弱めることができます。

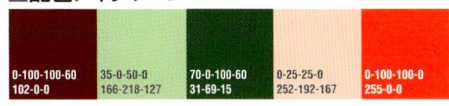

■配色アイデア-1

0-100-100-60	35-0-50-0	70-0-100-60	0-25-25-0	0-100-100-0
102-0-0	166-218-127	31-69-15	252-192-167	255-0-0

■配色アイデア-2

50-10-20-0	0-90-100-30	0-0-0-0	100-20-40-0	0-20-25-0
128-185-178	179-18-0	255-255-255	1-120-128	253-205-172

■配色アイデア-3

100-50-20-30	30-100-40-0	10-0-25-0	40-0-100-0	100-0-100-60
4-55-94	176-0-76	230-245-188	153-207-22	0-54-22

■配色アイデア-4

65-60-0-0	25-15-5-0	100-50-20-0	100-50-20-60	65-60-0-0
94-79-162	191-197-213	8-78-134	2-31-54	94-79-162

■配色アイデア-5

95-90-0-60	65-65-0-0	95-90-0-0	10-20-10-0	40-90-40-0
12-7-53	94-69-157	30-18-132	228-197-203	152-23-83

225

● 赤の彩度を下げる

赤と青の明度は同じなので、赤の彩度を低くすると、赤は青に同化し、全体が青と白の配色に見えます。

226

トリコロール配色

トリコロール配色はフランス国旗の配色が由来の配色法で、明度差が少なく補色関係に近い赤と青、それに白の3色の配色のことをいいます。フランス国旗以外にも、イギリスの国旗などにみられる配色です。また、白と赤、白と青の配色のことを「ビコロール配色」といいます。

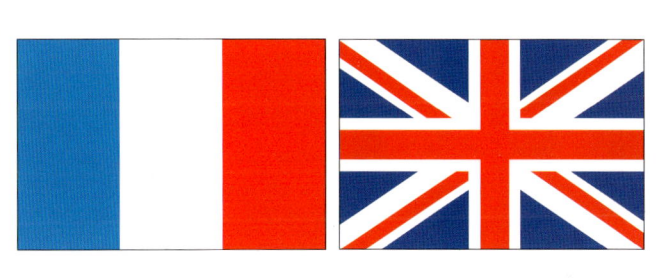

Part 4　配色のバランス

■配色アイデア-1

100-60-15-0	0-50-100-0	70-40-10-0	0-35-70-0	100-60-15-30
10-63-134	255-127-0	81-113-164	254-166-64	6-44-94

■配色アイデア-2

65-90-0-60	40-0-100-0	65-90-0-0	30-0-70-0	30-45-0-0
38-9-54	153-207-22	96-22-135	179-222-83	177-126-188

■配色アイデア-3

100-0-100-30	15-0-15-0	100-0-100-60	100-50-20-60	40-0-40-0
0-96-39	217-240-211	0-54-22	2-31-54	153-213-148

■配色アイデア-4

95-90-0-30	0-20-100-0	95-90-0-0	65-60-0-0	0-15-70-0
21-13-93	255-204-0	30-18-132	94-79-162	254-217-71

■配色アイデア-5

0-20-100-60	20-20-0-0	0-20-100-30	25-20-0-0	45-45-0-0
102-82-0	203-189-220	179-143-0	190-186-218	141-118-183

227

● どちらかの色のトーンの幅を広げる

補色関係にある色どうしの配色は明快で強い対比を生みます。さらに複雑なイメージをつくりたい場合は、どちらかの色のトーンに幅をつけるとよいでしょう。同じ色相でも明度・彩度の違う色の組み合わせになるために、対比による見え方に変化が生じ、複雑な印象を与えます。

228

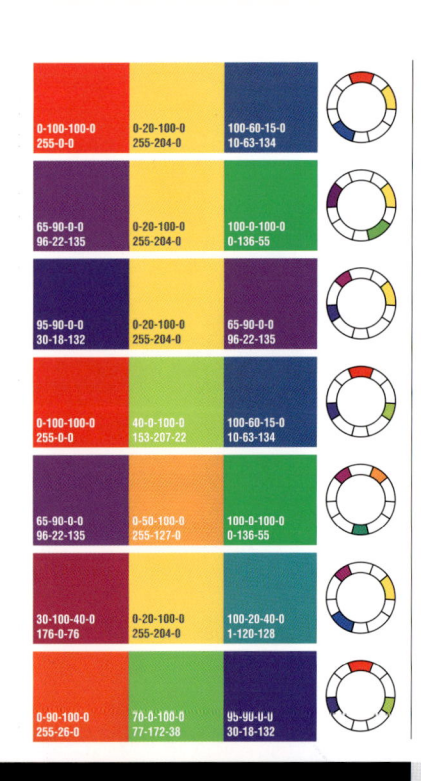

高彩度の3色配色

229

230

● 3色を象徴的に見せる
色料の3原色に近い赤・青・黄は明度差があるので、純色どうしを使って面積を同じにしても、強い対比が生まれて象徴的な配色になります。

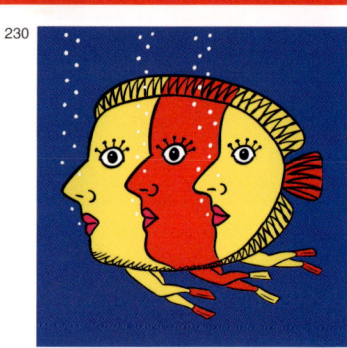

3原色に近い3色配色

▶ 3原色に近い高彩度の3色配色は目立つ
▶ 彩度の変化で見え方の調節
▶ 低彩度でも赤の見え方は強い

C-M-Y-K
R-G-B

3色の配色では、色相環のなかで等間隔にある3色を選ぶことで、対比のある3色配色をつくることができます。3色配色の代表的な色は赤・黄・青の3色です。この3色は色料の3原色（P.018）に近い色なので、それぞれの色の性質がとくに異って見えるため、最も強い対比を生む配色になります。

3色配色で3色の面積を同じにすると、それぞれの色がもつ固有の色のイメージは薄れ、組み合わせとしてのイメージが強くなります。ですから、中心になる色の面積を大きくすることで、その色のイメージを強くすることができます。中心になる色があると安定感が増し、見る人も安心する要因になります。

低彩度の3色配色

231 フェリックスとローラ

● 明度・彩度の変化でトーンのイメージを強調
純色の3色による対比から、明度・彩度を変化させることで、それぞれの色の性質は弱くなり、トーンのイメージが強くなります。

232

■配色アイデア-1

0-100-100-0	0-20-100-0	100-60-0-0
255-0-0	255-204-0	12-65-154

■配色アイデア-2

0-100-100-0	70-10-100-0	90-80-0-0
255-0-0	77-155-35	39-35-140

■配色アイデア-3

100-60-0-0	0-20-100-0	0-0-0-0	0-100-100-0
12-65-154	255-204-0	255-255-255	255-0-0

■配色アイデア-4

0-100-100-0	0-0-0-0	0-20-100-0	100-60-0-0	0-20-100-0
255-0-0	255-255-255	255-204-0	12-65-154	255-204-0

■配色アイデア-5

90-80-0-0	0-100-100-0	70-10-100-0	0-0-0-0	0-100-100-0
39-35-140	255-0-0	77-155-35	255-255-255	255-0-0

233

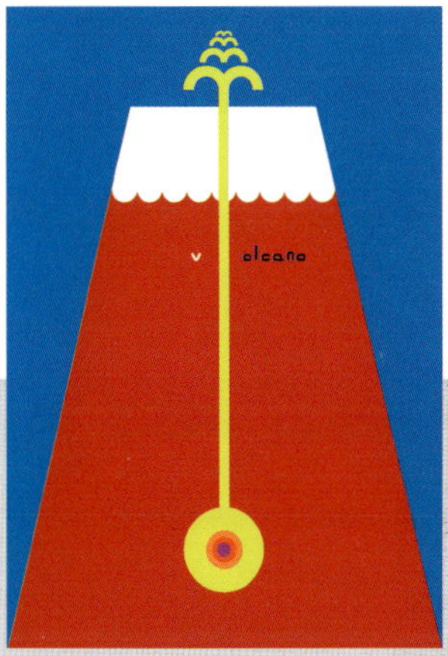

234

● 白を加えた4色配色

これらの作品では赤・青・黄の3色配色に白が加わっています。白の面積も大きく、白の見え方がひとつの色面として、画面のなかで重要な役割をもっています。

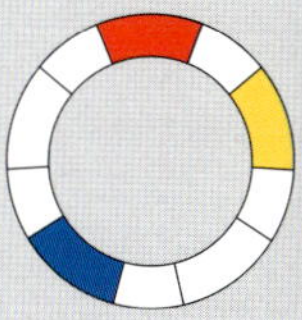

235

環境の色との3色配色

ヨットの色は赤みのオレンジ色と黄の配色ですが、背景の空の色によって対比の強い3色配色になります。配色を考えるときは、環境の色についても考慮する必要があります。

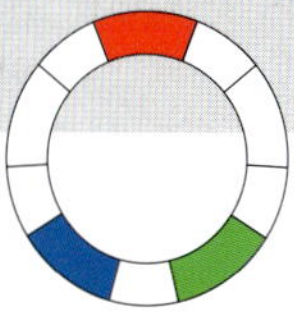

■配色アイデア-1

30-20-60-0	85-60-30-5	30-20-60-0	30-65-70-0	30-20-60-0
179-178-94	43-64-110	179-178-94	178-78-54	179-178-94

■配色アイデア-2

15-5-60-5	35-90-95-0	35-0-55-0	40-0-0-0	30-20-60-0
206-215-96	166-22-10	166-217-117	153-217-232	179-178-94

■配色アイデア-3

90-70-80-0	30-95-95-0	0-0-0-50	30-95-95-0	95-80-60-0
28-46-42	179-15-9	127-127-127	179-15-9	21-31-62

■配色アイデア-4

0-0-40-0	30-65-70-0	0-0-40-0	0-40-0-0	40-0-0-0
255-255-153	178-78-54	255-255-153	249-155-204	153-217-232

■配色アイデア-5

90-65-30-0	70-40-50-0	0-100-80-30	70-40-50-0
34-58-112	79-109-101	177-0-18	79-109-101

236

237

● 低彩度でも赤の見え方は強い

赤の見え方はとても強く、ペールトーンまたは、より彩度を低くして使っても他の色相の色よりも強く見えます。3色配色ではアクセントカラーとして使うと効果的です。

Part 4 配色のバランス

103

彩度の高い多色配色

- ▶ 白で明快な配色
- ▶ 白で色の対比を調節
- ▶ トーンでまとめる

C-M-Y-K
R-G-B

白を効果的に使った配色

238

● 白で明快な配色に
白を使うことで明度差のある配色になります。白と組み合わせる色の明度がとコントラストも高くなり、見え方の強い配色になります。彩度の高い色を使っても、白を主役の色にすることができます。

4色配色の場合は、色相環に内接する正方形を想定し、その頂点に位置する4色相を選ぶことで、対比の強い配色をつくることができます。

ただし、4色以上は、使う色相の数が増えるにつれて色をコントロールするのが難しくなります。複雑な色の対比が生まれるために、バランスをとりにくくなるからです。

色のイメージを重視したデザインの場合には、色数が多くても全体のイメージが保たれていればよいですが、形を重視するデザインのときに、たくさんの色を使うと、色の対比が強くなりすぎて、形の見え方が弱くなってしまうことがあります。色、形のどちらを重視するのかにとって、色数を決めるとよいでしょう。

面積差やトーンで色数の多さをカバーする

240

239

● 面積に差をつける
多色配色でも、面積に差をつけることで見やすい配色になります。メインカラー・サブカラー・アクセントカラーが明確になり、色の役割が機能しているからです。

104

■配色アイデア-1

0-70-0-0	0-0-0-0	95-0-5-0
245-80-166	255-255-255	18-164-193
0-50-100-0	0-20-100-0	75-40-80-0
255-127-0	255-204-0	65-102-55

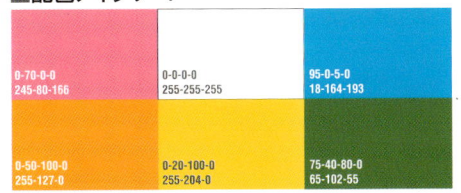

■配色アイデア-2

0-75-100-0	95-0-5-0	0-0-100-0
255-65-0	18-164-193	255-255-0
40-0-100-0	100-60-0-0	0-55-10-0
153-207-22	12-65-154	248-117-167

■配色アイデア-3

0-0-0-0	80-45-80-0	0-0-0-100
255-255-255	52-90-54	0-0-0
95-65-5-0	0-35-100-0	0-100-100-20
26-58-144	255-166-0	204-0-0

241

● 高彩度の色の対比を白で調節

明度が近く彩度の高い色の組み合わせは、不明瞭な印象になることがありますが、白で調節することでそれを防ぐことができます。セパレートカラー（P.084〜089）と同じ考え方です。

242

また、高彩度の色をたくさん使った配色で、全体を明るいイメージにする場合や、それぞれの色を対比させずに見せる場合には、白を使って調節するときれいに配色できます。

243

■配色アイデア-1

15-0-25-0	20-5-0-0	15-100-100-0	30-75-60-0	20-5-0-0
217-240-187	204-224-238	217-0-0	178-57-64	204-224-238
100-70-10-0	15-100-100-0	20-5-0-0	15-0-25-0	15-100-100-0
12-48-134	217-0-0	204-224-238	217-240-187	217-0-0

■配色アイデア-2

0-35-100-0	80-45-80-0	0-35-100-0	000-000-000-000	0-35-100-0
255-166-0	52-90-54	255-166-0	000-000-000	255-166-0
80-45-80-0	0-35-100-0	0-0-0-0	0-35-100-0	70-55-0-0
52-90-54	255-166-0	255-255-255	255-166-0	82-86-166

■配色アイデア-3

90-60-40-0	80-45-80-0			
32-65-102	52-90-54			
5-90-95-0	0-75-85-0	0-50-95-0	15-25-40-0	
241-26-10	253-65-24	255-127-13	215-180-122	

244

● トーンで調節する

多数の色相・トーンがあると、煩雑で見え方が弱くなることがあります。そのような場合、低彩度の類似トーンにまとめることで、色相差があっても対比が弱くなります。また、明度が近い色相差のある配色も対比が弱いので、これらの性質を利用することで、統一感のある見え方の強い配色になります。

Part 4 配色のバランス

105

全体がグレイッシュな多色配色

245

● 高彩度の色をアクセントに
低彩度の色が多い配色で、全体のイメージを壊すことなく全体の彩度を高くするには、アクセントに高彩度の色を使うと効果的です。

246

彩度の低い多色配色

▶ 色数が多いときは
トーンで共通性を
▶ トーンのイメージが重要に
▶ 多色配色ではメインになる
色を決めよう

C-M-Y-K
R-G-B

多色配色でイメージを表現するときは、トーンでまとめることで全体の統一感を出すことができます。P.104で白の使い方について説明しましたが、グレイや黒も白と同じく色みがないので、有彩色と組み合わせやすい色です。配色ではグレイの使い方で配色のイメージが決まることも多く、多色配色でも全体のイメージに関わる重要な色になります。

全体をグレイッシュなトーンでまとめると、落ちついたイメージになり、都会的なセンスのある配色をつくることができます。

多色配色では、低彩度の基調色を決め、彩度の高い色はアクセント的に使うことで、色数が多くても全体のイメージを保つことができます。

全体が黒みを帯びた多色配色

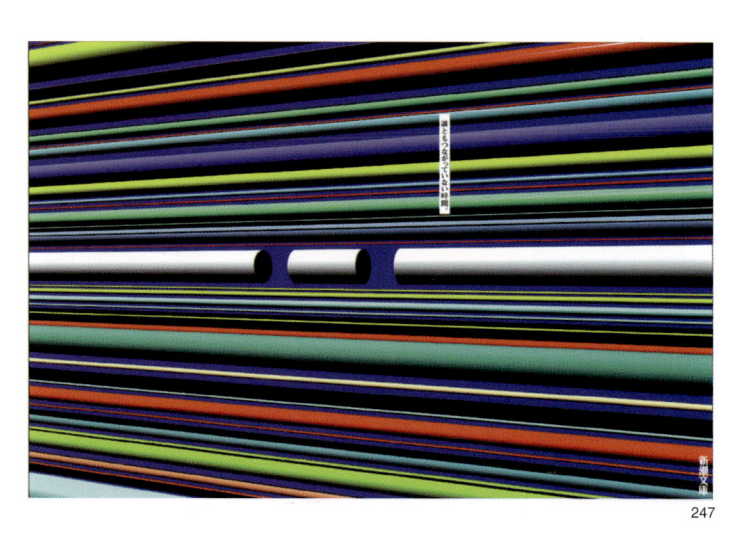

247

● 高明度の色を強く見せる
背景を低明度の色、とくに黒を配置すると、明度の高い色がより明るく、強く見えます。高彩度の色を多用する場合にも、比較的自由に使いたい色を配置できます。

■配色アイデア-1

45-20-15-0 141-169-180	80-45-80-0 52-90-54	75-35-15-0 68-118-159	0-100-100-20 204-0-0	45-20-15-0 141-169-180
20-65-65-0 202-82-61	45-20-15-0 141-169-180		15-35-80-0 216-155-45	60-40-60-0 103-114-85

■配色アイデア-2

80-40-30-5 52-99-124	65-55-20-5 88-82-130	15-100-100-0 217-0-0	30-75-60-0 178-57-64	0-0-0-40 153-153-153
45-20-15-5 133-160-171	50-20-30-20 102-131-121	45-20-15-5 133-160-171	65-55-20-5 88-82-130	50-20-30-20 102-131-121

■配色アイデア-3

20-0-5-30 143-165-163			20-60-95-5 193-88-14	0-0-0-60 102-102-102
0-75-85-0 253-65-24	0-100-100-20 204-0-0	80-35-55-0 53-110-97	0-0-0-80 51-51-51	20-0-5-30 143-165-163

● 暖色系の配置と面積を考える

暖色系の色は誘目性が高く、彩度が低くても強く見えます。配置する場所と面積によっては、全体のバランスやイメージが崩れることがあるので注意しましょう。

黒をセパレートカラー的に使い、色面を多くすると、全体が黒っぽいイメージの配色になります。この場合、有彩色を多数使っていてもそれぞれが強く見え、全体的に力強いイメージの配色になります。

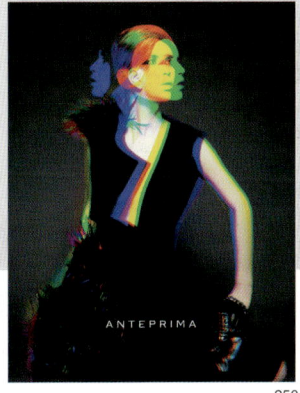

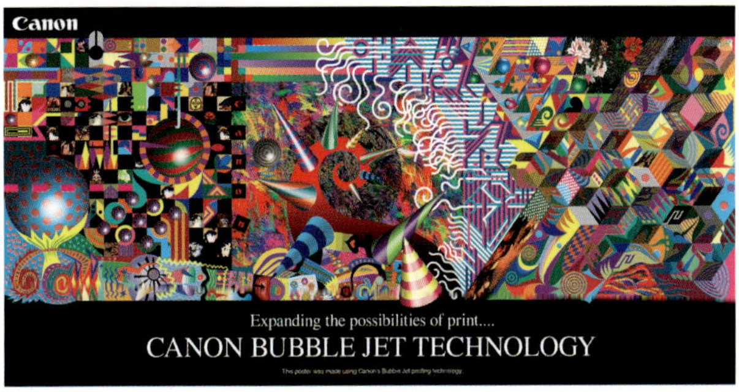

■配色アイデア-1

75-70-65-5 63-50-58	0-80-80-0 253-52-31	75-70-65-5 63-50-58	95-70-5-0 27-50-141	75-70-65-5 63-50-58
85-25-85-0 40-117-58	75-70-65-5 63-50-58	0-0-0-100 0-0-0	75-70-65-5 63-50-58	0-0-100-0 255-255-0

■配色アイデア-2

0-0-0-100 0-0-0	45-60-0-0 140-86-167	15-100-100-0 217-0-0	30-75-60-0 178-57-64	0-0-0-100 0-0-0
5-25-95-0 242-187-17	15-100-100-0 217-0-0	80-70-80-0 53-50-41	60-30-95-0 102-129-32	0-0-0-100 0-0-0

■配色アイデア-3

90-60-40-0 37-65-102	80-45-80-0 52-90-54	0-40-5-0 249-155-193		45-60-0-0 140-86-167
75-70-65-10 60-47-55	0-35-100-0 255-166-0	0-0-0-100 0-0-0	75-70-65-10 60-47-55	

● 黒で彩度調節

高彩度の色を多用するときに、黒の量によって全体の彩度の印象を調節することができます。たとえば、黒をセパレートカラーとして使うと、全体を低彩度・低明度側によった印象にすることができます。

Part 4 配色のバランス

107

高明度・中彩度のトーンの配色

● にぎやかさを表現しつつ統一感を
彩度が中彩度でまとまっているので、鮮やかさを残しつつも全体に統一感のある配色になっています。

C-M-Y-K / R-G-B
65-0-5-0 / 90-192-209
60-30-60-0 / 103-133-91
45-10-10-0 / 141-191-200
0-35-5-0 / 250-167-200
15-0-35-0 / 217-240-163
40-10-45-0 / 153-192-131
15-35-65-0 / 216-156-75
0-25-60-0 / 254-191-89
0-35-0-0 / 250-167-210
0-15-70-0 / 254-217-71
10-45-35-0 / 227-136-127
35-15-0-0 / 166-189-219
35-0-0-0 / 166-222-235
45-40-0-0 / 140-128-188
20-15-50-0 / 204-199-117
0-25-35-0 / 253-192-145
35-15-60-0 / 166-185-97
0-35-0-0 / 250-167-210
40-10-10-0 / 153-195-202
0-35-0-5 / 237-159-199
65-0-55-0 / 90-185-118
45-15-25-0 / 141-178-165
30-20-30-0 / 179-180-155
35-0-35-5 / 158-208-152
0-40-60-0 / 253-154-82
35-10-65-0 / 166-195-90
40-15-0-0 / 153-185-216
15-0-45-0 / 217-239-139

253

254

低彩度でまとめるときは色数を多く

▶ 色数をできるだけ多く使う
▶ 統一感のある配色をつくる
▶ 高明度・低彩度の配色は繊細な配色

C-M-Y-K
R-G-B

「ドミナントトーン配色」という配色法があります。ある支配的な色でまとめるという点で、ドミナントカラー配色（P.096）と同じですが、こちらは色相ではなくトーンをそろえる配色法です。全体を白っぽく、あるいは黒っぽく、グレイッシュな感じに統一する場合に使う配色法です。

高彩度のビビッドトーンの配色では、それぞれの色の主張が強く、統一感に欠ける配色になる傾向があるので、色数を減らすことがひとつの解消法です。しかし、低彩度のトーンの組み合わせでは、色数が少ないと寂しいものになってしまいます。そこで、色数を増やして、イメージを広げていきます。

高明度・低彩度のトーンの配色

C-M-Y-K / R-G-B
0-5-20-0 / 255-242-199
15-0-25-0 / 217-240-187
30-0-10-0 / 179-226-216
55-10-25-0 / 116-180-167
0-5-40-0 / 255-242-149
10-5-30-0 / 230-233-172
10-20-0-0 / 228-197-225
10-0-80-0 / 230-244-54
10-15-60-0 / 229-208-95
15-35-0-0 / 214-158-205
50-0-5-0 / 129-207-216
0-10-10-0 / 254-230-219
15-0-20-0 / 217-240-199
40-10-0-0 / 153-196-222
5-0-0-0 / 241-226-240
10-0-50-0 / 230-244-127
50-0-5-0 / 128-207-216
0-15-10-0 / 253-217-213
40-10-0-0 / 153-196-222
15-15-55-0 / 217-203-107
15-50-0-0 / 212-122-186
0-5-40-0 / 255-242-149
10-5-80-0 / 230-231-53
5-5-65-0 / 242-237-88
40-8-5-0 / 153-200-213
10-20-30-0 / 228-197-159

255

256

● 低彩度でまとめた配色は繊細
彩度が低いので、色の性質はほとんどなくなります。高彩度・低彩度でまとめていると微妙なトーンが見えてきますが、強い色が入ると、強い色と白っぽい色との対比しか見えなくなってしまいます。低彩度の配色は、そのように繊細な配色なのです。

108

■配色アイデア-1

55-15-15-0 116-171-182	40-30-40-0 153-150-127	10-0-20-0 230-245-201	10-50-40-0 227-123-114	45-20-20-0 140-168-171
80-55-5-0 58-81-156	50-25-0-0 128-156-201	15-40-80-0 216-143-44	10-0-20-0 230-245-201	25-25-60-0 191-171-91

■配色アイデア-2

75-0-5-0 65-183-204	25-0-40-0 191-229-150	0-50-0-0 247-129-191	75-0-60-0 65-173-110	0-40-80-0 254-153-41
60-30-60-0 103-133-91	0-30-0-0 251-180-217	45-40-0-0 140-128-188	40-15-0-0 153-185-216	55-0-5-0 116-202-214

■配色アイデア-3

0-35-10-0 250-167-190	55-30-55-0 116-138-99	40-20-0-0 153-174-211	10-0-45-0 230-245-139	0-40-0-0 249-155-204
5-55-55-0 239-114-83	0-30-70-0 254-179-86	0-35-0-0 250-167-210	0-30-45-0 253-180-119	40-0-40-0 153-213-148

257

● 彩度を低くしていくと色相差がなくなる

彩度を低くする場合「明度を上げながら彩度を下げる」または「明度を下げながら彩度を下げる」ことができますが、いずれの場合も色相の性質が失われていくので、複数の色を使っても統一感のある配色になります。

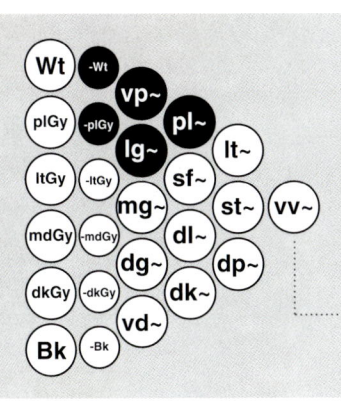

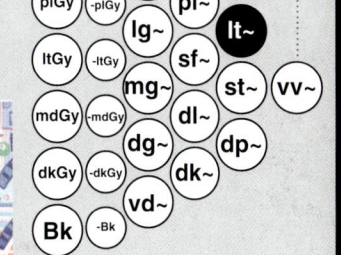

● 色数を増やす

色の性質が弱いので、できるだけ色数を増やすことで見え方の弱さを補います。また、全体のバランスが崩れない程度に明度差のある色を使うと、まとまりすぎて退屈になるのを防いでくれます。

258

■配色アイデア-1

0-5-20-0 255-242-199	5-10-0-0 241-226-240	10-0-80-0 230-244-54	40-10-0-0 153-196-222	0-10-10-0 254-230-219
40-10-0-0 153-196-222	0-5-40-0 255-242-149	10-5-80-0 230-231-53	0-10-10-0 254-230-219	5-10-0-0 241-226-240

■配色アイデア-2

50-0-5-0 128-207-216	15-35-0-0 214-158-205	40-10-5-0 153-196-211	10-20-0-0 228-197-225	30-0-10-0 179-226-216
40-10-0-0 153-196-222	10-20-0-0 228-197-225	30-0-10-0 179-226-216	15-50-0-0 212-122-186	10-20-0-0 228-197-225

■配色アイデア-3

50-0-5-0 128-207-216	0-15-10-0 253-217-213	10-20-30-0 228-197-159	50-0-5-0 128-207-216	0-5-40-0 255-242-149
10-20-30-0 228-197-159	0-5-40-0 255-242-149	50-0-5-0 128-207-216	0-15-10-0 253-217-213	15-25-45-0 216-180-122

259

Part 4 配色のバランス

109

区別をあいまいにしたグルーピング

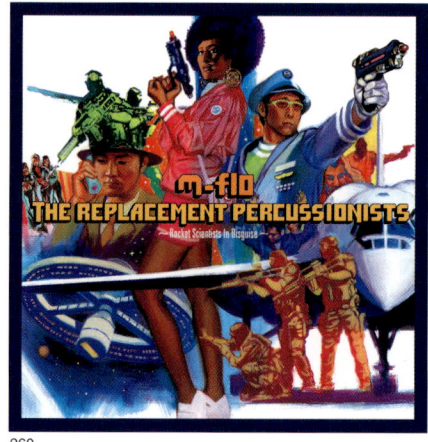

● 境界を不明瞭に
主に寒色系・暖色系で区別して大きな構成として見せるのが一般的な使い方です。境界をはっきりさせると世界観がそれぞれで変わってしまうことがあるので、境界をあいまいにすることで、統一感がある大きな構成を表現できます。

グルーピングで色を見やすく

▶ 色をちりばめたりぼかしたりして統一感を
▶ 区分した2つの世界を結ぶ形をつくって統一感を
▶ 境界部分の明度関係に変化をつけて統一感を

C-M-Y-K
R-G-B

複数の色を使うと、見え方が煩雑になることがあります。そのような場合、同系統の色でグループ分けすることで、大きな構成として見せることができます。ただし、あまりはっきりとグループ分けしてしまうと、それぞれの世界観が異なってしまい、統一感が薄れてしまうことがあります。対比する部分となじむ部分をつくって、イメージをまとめるようにしましょう。

たとえば、寒色系と暖色系でグループをつくった場合に、寒色系と暖色系で明度が近い色をとなり合わせにすると対比が弱くなります。また、寒色系のなかに暖色系、暖色系のなかに寒色系をちりばめたり、ぼかすことで対比を弱めることができます。

区別を明確にしたグルーピング

● 2つの世界をまたぐ形
寒色系・暖色系を明確に区分した場合には、2つの世界を結ぶものが必要になります。2つの世界にまたがる形を入れることで、色を明確にグルーピングしていても、統一感のある配色になります。

■配色アイデア-1

0-15-100-0	0-50-10-0	0-10-65-0	100-50-0-0	100-0-100-0
255-217-0	248-129-172	255-230-85	10-80-161	0-136-55

■配色アイデア-2

0-40-95-0	20-95-80-0	0-50-100-0	100-45-10-0	45-0-10-0
255-153-14	202-16-27	255-127-0	9-87-151	141-211-209

■配色アイデア-3

95-90-0-0	20-95-70-0	0-75-5-0	95-80-35-0	100-50-10-0
30-18-132	202-17-40	245-67-151	24-32-94	9-79-148

■配色アイデア-4

30-95-80-0	0-40-100-0	0-20-100-0	100-50-20-0	100-30-40-0
178-15-27	255-153-0	255-204-0	8-78-134	2-106-121

■配色アイデア-5

55-30-20-0	60-45-10-0	70-35-25-0	15-35-80-0	35-60-100-0
116-141-160	105-109-162	80-121-144	218-155-45	166-85-8

● 色をちりばめて境界をあいまいに

寒色系・暖色系で大きく分け、寒色系のなかに暖色系、暖色系のなかに寒色系の色をちりばめることで、境界のあいまいさを表現することができます。

263

● 明度によるグルーピング

近景・遠景は明度でグルーピングすることができます。近景ははっきりとものが見え、遠景になるにしたがって見え方があいまいになっていきます。それを色のグルーピングで明快に分けることによって、空間を強調することができます。

■配色アイデア-1

60-50-50-50	80-30-0-0	75-30-40-15	0-65-30-10	0-50-10-0
52-48-47	55-126-184	57-106-105	244-82-109	248-129-172

■配色アイデア-2

90-45-0-0	70-60-0-0	80-30-0-0	0-10-65-0	0-20-100-0
34-94-168	83-77-161	55-126-184	255-230-85	255-204-0

■配色アイデア-3

95-90-0-0	20-95-80-0	0-65-100-0	0-40-100-0	100-50-20-0
30-18-132	202-16-27	255-89-0	255-153-0	2-106-121

■配色アイデア-4

20-95-90-0	0-50-100-0	0-25-100-0	90-50-20-0	100-30-40-0
203-16-14	255-127-0	255-191-0	33-83-136	2-106-121

■配色アイデア-5

100-60-20-0	100-50-10-0	100-50-0-30	0-65-100-0	20-95-80-0
9-63-127	10-80-161	6-56-113	255-89-0	202-16-27

265

264

● トーンが同じ部分と
　対比する部分をつくる

2つの世界が接する境界の対比を一定にすると、2つの世界は離れてしまいます。明度差があり対比する部分と、明度差がなくなる部分をつくることで、色相は明確に区分されつつ境界があいまいになり、統一感のある配色になります。

Part 4　配色のバランス

白のなかに黒と赤を配色する

●無彩色を強調する赤・オレンジ色
白黒の写真やイラストのもつ激しさを、赤やオレンジ色によって強調することができます。

白と黒で有彩色を象徴的に見せる

▶ 形をシンプルに見せると効果的
▶ 色数は1色にすると効果的
▶ 印象に残る強い配色に

C-M-Y-K
R-G-B

白・黒と高彩度の色、とくに誘目性の高い暖色系の色を使った配色は、象徴的なイメージをつくるのに効果的です。誘目性の高い暖色系のなかで赤は最も強い印象を与えます。

白は最も明度が高く、黒は最も明度の低い色です。赤の明度は白と黒の中間よりも少し低いぐらいで、白・赤・黒で高・中・低明度の3段階の明度関係で配色することができ、対比の強弱で変化をつけることもできます。

赤の代わりに黄を使った場合、明度が白に近く高いので、赤と同じように配色しても同じような効果は生まれません。黄・オレンジ系の色は黒で囲むことで視認性が高くなるので、背景の色の使い方が変わります。

黒のなかに暖色系の色を配色する

●暖色系の色を象徴的に
暖色系の色は誘目性が高いので、全体が黒でまとめられたなかに暖色系の色を入れると、その色がアクセントとなり印象の強い象徴的な配色になります。

■配色アイデア-1

| 0-0-0-100 | 20-95-80-0 |
| 0-0-0 | 202-16-27 |

■配色アイデア-2

| 15-100-100-0 | 0-0-0-100 |
| 217-0-0 | 0-0-0 |

■配色アイデア-3

| 0-0-0-100 | 0-85-90-0 |
| 0-0-0 | 254-40-15 |

■配色アイデア-4

| 40-100-60-0 | 0-0-0-100 |
| 152-0-50 | 0-0-0 |

■配色アイデア-5

| 0-0-0-100 | 25-90-100-0 |
| 0-0-0 | 191-23-0 |

● 形の強さを赤の
イメージが強調する

コントラストの高い配色で誘目性のある赤を使うと、象徴的な強い配色になります。できるだけシンプルに見せるのがポイントです。

268

● 背景との対比に
変化をつける赤

最も明度差のある黒と白に、その中間の明度の赤を使うことで、背景との関係に変化ができ、シンプルであっても単純ではない印象になります。

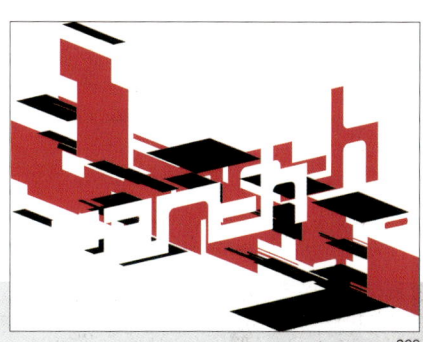

269

270

■配色アイデア-1

| 0-0-0-100 | 20-95-80-0 |
| 0-0-0 | 202-16-27 |

■配色アイデア-2

| 0-10-100-0 | 0-0-0-100 |
| 255-230-0 | 0-0-0 |

■配色アイデア-3

| 0-0-0-100 | 0-50-100-0 |
| 0-0-0 | 255-127-0 |

■配色アイデア-4

| 0-0-0-100 | 0-0-100-0 |
| 0-0-0 | 255-255-0 |

■配色アイデア-5

| 0-0-0-100 | 15-100-100-0 |
| 0-0-0 | 217-0-0 |

● 色のイメージを強調する

無彩色のなかに有彩色を使うことで、有彩色のイメージを強調することができます。また、書籍のシリーズなどでは、無彩色をベースに有彩色で差別化することもできます。

271

Part 4　配色のバランス

113

白で空間をイメージさせる

● 空間を意識した奥行きのある白

線遠近法や空気遠近法を使って、白を背景ではなく空間として扱い、奥行きのある広い空間を表現しています。また、有彩色によって画面に動きを出すこともできます。

無彩色で有彩色を強調

▶ 白の面積を増やして清潔で明るいイメージに
▶ 有彩色をきれいに見せる
▶ 余白で色を象徴的に見せる

C-M-Y-K
R-G-B

複数の色を強調して見せるときに、色どうしが対比によって不明瞭に見えてしまうのを避けるために、無彩色や無彩色に近い低彩度の有彩色などを色どうしの間に入れます。

これは、セパレートカラー（P.084〜089）と同じ考え方で、ニュートラルな色を間に配置することで、どちらかの色の色相・明度・彩度を変えることなく、それぞれの色をより印象深いものにすることができます。白の面積を多くすると画面全体の明るさが増し、色数が多くなると楽しいイメージになります。このときの白の扱いについては、「単なる余白として扱う場合」「空間として扱う場合」など、同じ白でも考え方によって意味が違ってくるので注意しましょう。

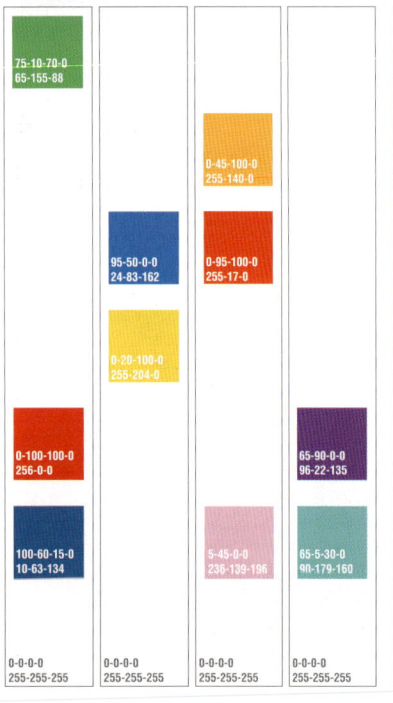

余白の白で複数の色をまとめる

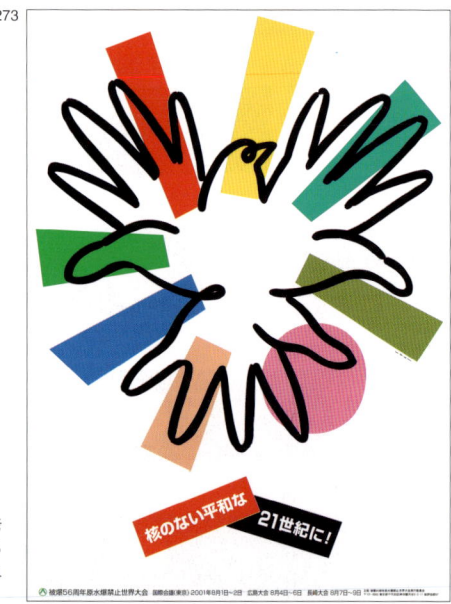

● 有彩色をきれいに

基本的はセパレートカラーと同じ考え方で、有彩色どうしを白で分けることで、他の色の影響を抑え、きれいな色に見せています。

■配色アイデア-1／枠の色は0-0-0-80/51-51-51

0-95-100-0	0-45-100-0	65-25-0-0	65-5-30-0	95-50-0-0
255-17-0	255-140-0	92-145-195	90-179-160	24-83-162

■配色アイデア-2／枠の色は0-0-0-0/255-255-255

■配色アイデア-3／枠の色は0-0-0-20/204-204-204

■配色アイデア-4／枠の色は0-5-30-0/255-242-174

■配色アイデア-5／枠の色は60-50-50-50/52-48-47

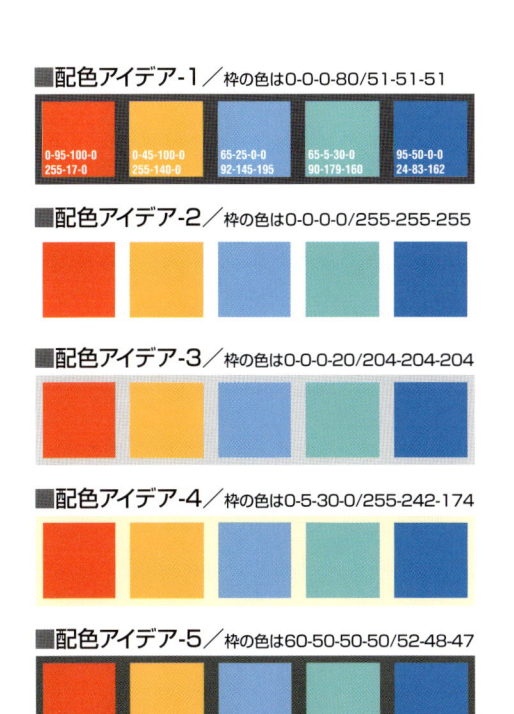

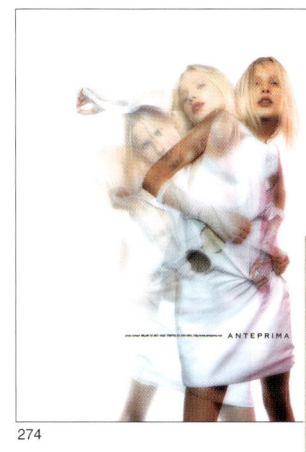

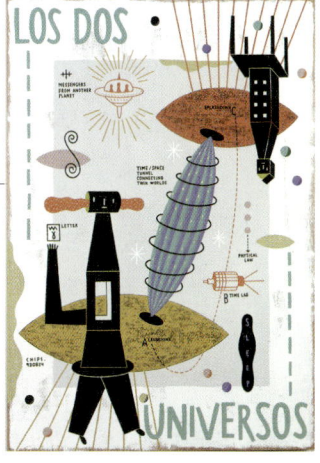

● 形のもつ色を印象的に
空間を表現することと同時に、それぞれのもつ形の色を印象的に表現します。

275

274

■配色アイデア-1

0-95-100-0	70-0-100-0	100-50-20-0	0-0-100-0	75-95-0-0
255-17-0	77-172-38	8-78-134	255-255-0	74-13-129

■配色アイデア-2

0-95-100-50	70-0-100-50	100-50-20-50	0-0-100-50	7-95-0-50
127-9-0	38-86-19	2-39-67	127-127-0	37-6-64

■配色アイデア-3

75-30-40-15	15-60-95-10	60-50-50-50	0-95-75-30	25-50-75-15
75-106-105	195-86-13	52-48-47	177-13-24	162-96-44

■配色アイデア-4

0-75-100-0	65-0-0-0	75-40-80-0	0-65-30-0	65-5-30-5
255-65-0	90-193-218	65-102-55	248-91-121	90-179-160

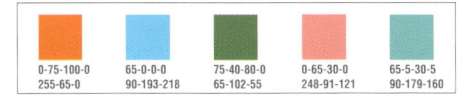

■配色アイデア-5

35-0-5-0	0-15-5-0	30-0-60-0	0-10-40-0	35-25-0-5
167-221-224	253-217-224	179-222-105	254-230-146	157-158-197

● 余白で色を象徴的に
中心となる部分を強調するために、作品全体に色をつけずに、白の余白を残すと、印象的な配色になります。

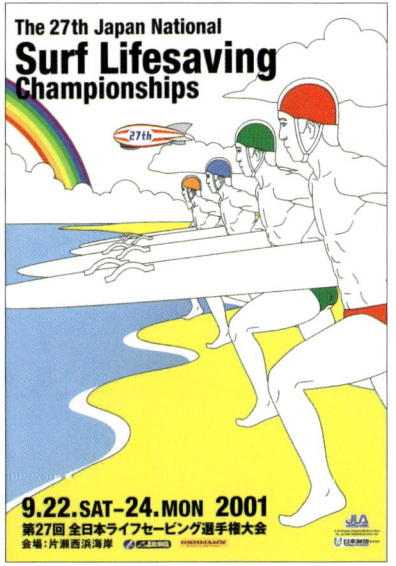

276

277

Part 4 配色のバランス

黒を基本にイメージをつくる

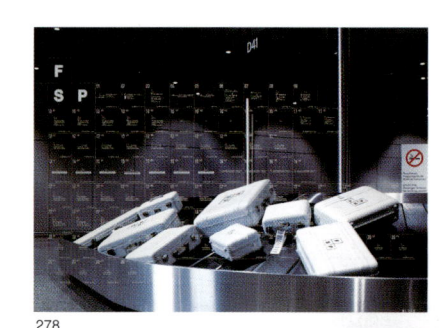

● メタリックな質感で都会的なイメージに
コントラストの高い無彩色の配色は、金属的な冷たさを感じさせ、都会的なクールなイメージの配色になります。

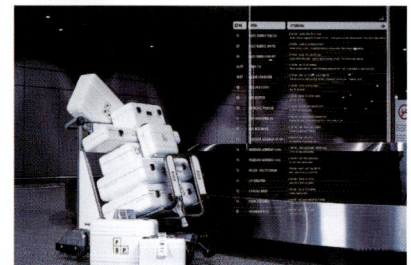

278

グレイッシュなトーンの配色

▶ グレイッシュなトーンの配色で都会的なイメージに
▶ 無彩色と寒色で知的なイメージに
▶ アクセントの黒で形のイメージを強調

C-M-Y-K
R-G-B

色のイメージは時代によって変化します。現代では白・黒・グレイの服を着ている人が多く、どことなくセンスを感じさせる、都会的なイメージが強い色としてファッション以外でも目にする機会が多い配色です。

デザインでもグレイまたはグレイッシュなトーンの使い方で知的で都会的なセンスを演出しています。グレイと低彩度の色、とくに寒色系は知的でクールな感じの配色になります。

ただし、無彩色はどの色相の色にも合う色ですが、使う割合や対比させる色によって、暗いだけのイメージになることも十分考えられるので、他の色を扱うのと同じくらいの慎重さが必要になります。

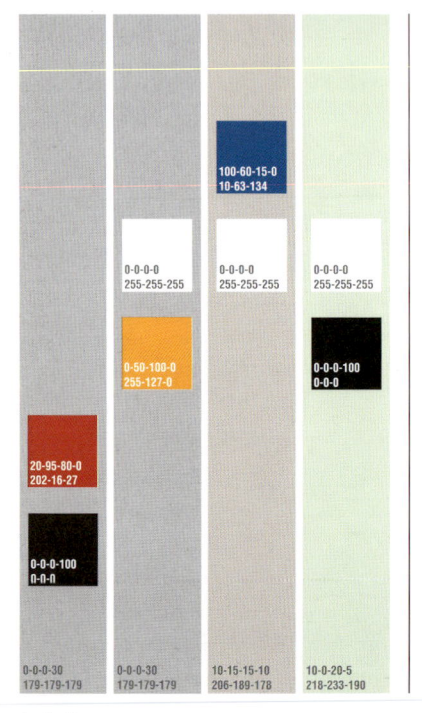

黒をポイントにイメージをつくる

279

● 黒で締める
グレイだけの配色は、場合によっては、安っぽく飽きられる配色になってしまいます。黒を加えることで、全体が引き締まり、知的で都会的な印象の配色になります。

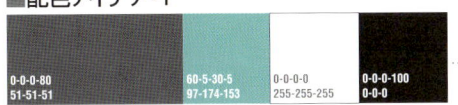

■配色アイデア-1

0-0-0-80	60-5-30-5	0-0-0-0	0-0-0-100
51-51-51	97-174-153	255-255-255	0-0-0

■配色アイデア-2

10-40-35-50	0-0-0-80	0-0-0-0	30-75-55-20
113-74-66	51-51-51	255-255-255	142-46-57

■配色アイデア-3

0-0-0-70	45-20-15-0	0-0-0-80	0-0-0-00
77-77-77	141-169-180	51-51-51	0-0-0

■配色アイデア-4

0-0-0-60	0-0-45-0	0-0-0-100	0-0-0-80
102-102-102	255-255-140	0-0-0	51-51-51

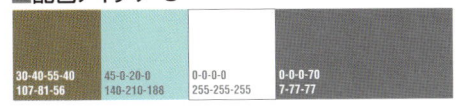

■配色アイデア-5

30-40-55-40	45-0-20-0	0-0-0-0	0-0-0-70
107-81-56	140-210-186	255-255-255	7-77-77

● **低彩度の寒色系の色で知的な印象に**

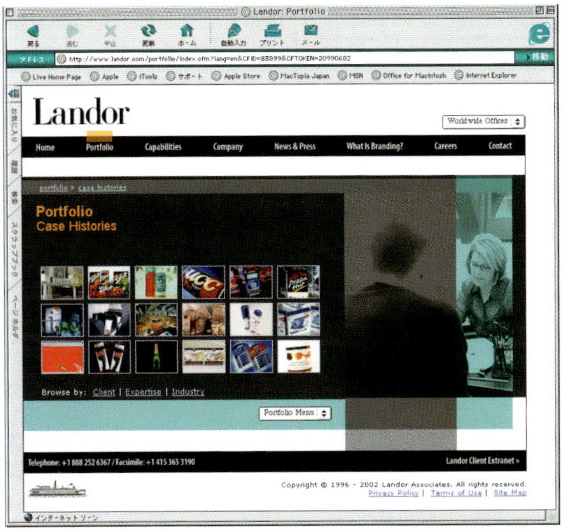

低明度のグレイまたは黒に、低彩度の寒色系の色を合わせると、信頼性と都会的なセンスを併せもつ知的な印象の配色になります。

都会的なグレイのファサード

ニューヨークのソーホー地区にあるショップです。グレイに塗装されたファサードは暗いイメージになりがちですが、店内に置かれてある商品や照明の色がアクセントとして機能し、都会的な雰囲気を醸し出しています。

Part 4 配色のバランス

■配色アイデア-1

30-0-0-60	0-0-0-10	25-15-5-20	0-0-0-70
72-91-95	230-230-230	152-157-170	77-77-77

■配色アイデア-2

0-0-0-60	20-5-5-0	0-0-0-50	0-5-30-0	0-0-0-80
102-102-102	204-224-226	127-127-127	255-242-174	51-51-51

■配色アイデア-3

0-5-25-0	0-15-5-0	0-0-0-0	0-0-0-100	10-0-20-5
255-242-186	253-217-224	255-255-255	0-0-0	218-233-190

■配色アイデア-4

0-0-0-70	0-5-20-0	60-0-0-60	0-0-0-20	0-0-0-80
77-77-77	255-242-199	41-79-88	204-204-204	51-51-51

■配色アイデア-5

0-0-0-80	0-0-0-20	50-10-5-0	0-0-0-50
51-51-51	204-204-204	128-187-207	127-127-127

● **黒をアクセントに**

形のイメージを重視するときには、黒をアクセントとした配色が効果的です。背景を高明度・低彩度の色にして白っぽくまとめることで、図の形を強調して見せることができます。

117

慣用色名

色の名前には、赤・黄・緑・青などのように、ことばは違っても全世界に共通する「基本色名」、動植物や鉱物などのもつ固有の色から名づけられた「固有色名」、固有色名が普遍化し一般に使われるようになった「慣用色名」があります。また、慣用色名のなかでその国の歴史的・文化的な背景によって名づけられ使われてきた色名を「伝統色名」といいます。JISでは慣用色名についても規定しています。ここでは、慣用色名のなかでも一般的に使われる頻度の高い色を掲載しています。

COLUMN 004

鴇色 (ときいろ)	牡丹色 (ぼたんいろ)	紅色 (べにいろ)	蘇枋 (すおう)	臙脂色 (えんじいろ)	カーマイン (camine)	小豆色 (あずきいろ)	ボルドー (bordeaux)	マゼンタ (magenta)	
ワインレッド (wine red)	ローズレッド (Rose red)	杏色 (あんずいろ)	樺色 (かばいろ)	蜜柑色 (みかんいろ)	パンプキン (pumpkin)	柿色 (かきいろ)	オレンジ色 (orange)	肌色 (はだいろ)	
朱色 (しゅいろ)	キャロット (carrot)	ピーチ (peach)	メイス (maize)	キャメル (camel)	イエローオーカー (yellow ocher)	ベージュ (beige)	ココア (coca)	バーントシェンナ (burnt sienna)	
栗色	鳶色 (とびいろ)	マルーン (maroon)	チョコレート (chocolate)	タン (tan)	セピア (sepia)	刈安色 (かりやすいろ)	レモンイエロー (lemon yellow)	黄金色 (gold)	
鬱金色 (うこんいろ)	たんぽぽ色 (dandelion)	カナリア色 (canary)	アイボリー (ivory)	カーキー (khaki)	クリーム色 (cream)	山吹色 (やまぶきいろ)	卵色 (たまごいろ)	萌葱 (もえぎ)	
鶯色 (うぐいすいろ)	若葉色 (わかばいろ)	エメラルドグリーン (emerald green)	コバルトグリーン (cobalt green)	ビリジャン (viridian)	ビリヤードグリーン (billiard green)	ボトルグリーン (bottle green)	オリーブ (olive)	青磁色 (せいじいろ)	
草色 (grassgreen)	水色 (みずいろ)	空色 (sky blue)	シアン (cyan)	コバルトブルー (cobalt blue)	藍色 (あいいろ)	納戸色 (なんどいろ)	インディゴ (indigo)	ネイビーブルー (navy blue)	
新橋色 (しんばしいろ)	ターコイズブルー (turquoise blue)	浅葱色 (あさぎいろ)	ラベンダー (lavender)	藤色 (ふじいろ)	二藍 (ふたあい)	モーブ (mauve)	パンジー (pansy)	江戸紫 (えどむらさき)	
京紫 (きょうむらさき)	菖蒲色 (あやめいろ)	ライラック (lilac)	桔梗色 (ききょういろ)	オーキッド (orchid)	パールホワイト (pearl white)	スノーホワイト (snow white)	シルバーグレイ (silver gray)	鉛白 (えんぱく)	
乳白色 (にゅうはくしょく)	生成色 (きなりいろ)	チャコールグレイ (charcoal gray)	漆黒 (しっこく)	銀鼠 (ぎんねず)	鉛色 (なまりいろ)	利休鼠 (りきゅうねず)			

Part 5
Webページの配色

信頼性を強調した配色イメージ

281

● 信頼性は寒色系の青

信頼性を強調するには青系統の色のイメージを前面に出すとよいでしょう。サイトを訪れた人に安心感を与えることができます。しかし、青系統だけではマイナスイメージの冷たい印象になりかねないので、彩度の低い暖色系統の色をさりげなく使い緩和します。

情報量の多い
サイトの配色

▶ 寒色系で信頼性を強調
▶ 多色使いで楽しい雰囲気
▶ リンク色が重要

Web RGB

金融関係などのサイトは、文字情報の可読性を重視するために背景は白で、タイトルやメニューにブランドカラーなどの色を使用しています。ブランドカラー以外には、同系色で低彩度のペールトーンやライトグレイッシュトーンまたはグレイを使い、対比の弱い共通性のある配色が多く見られます。

音楽系の情報などを扱うサイトなどでは、色数を多く使っていますが、ブライトトーンやライトトーンなどの明るめのトーンを使い、コントラストの弱い配色を使っています。重要な文字情報の部分は背景を白にして、全体のなかで背景と文字のコントラストが一番高くなるような構成になっています。

エンターテインメント性を強調した配色イメージ

282

● 楽しい印象の配色

楽しさが重要なポイントですが、彩度の高い色を使うと色の強さで情報が見づらくなるので、彩度のやや低いブライトトーンやライトトーンを使い、色数を増やすことで楽しいイメージになり、かつ情報も見やすいサイトになります。

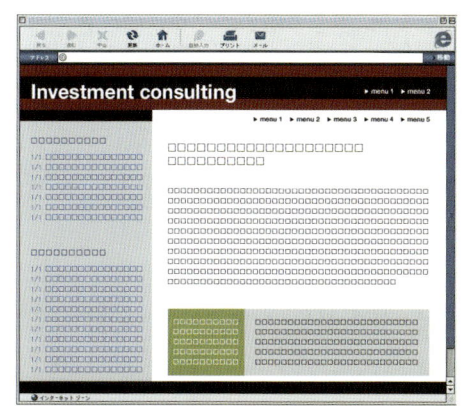

■配色アイデア-1

| 330000 | 663333 | 999966 | CCCCCC |

■配色アイデア-2

| 000033 | 333366 | 999966 | CCCCCC |

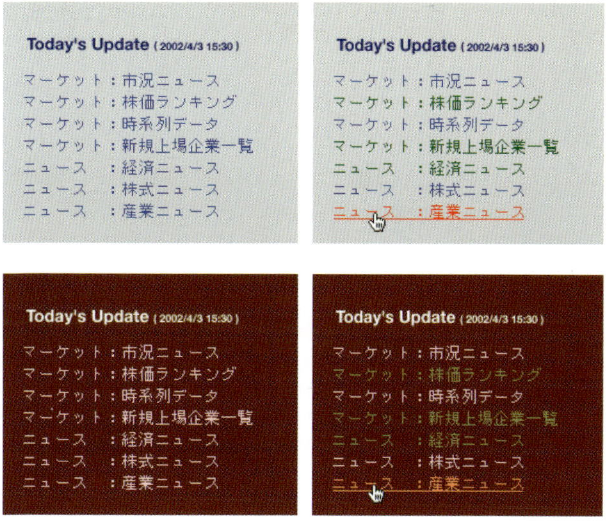

● 文字色とリンク色

情報量の多いサイトではリンクの数が多く、サイト内を行き来する回数が増えます。文字色とリンク色の区別やリンク色の未読と既読の区別が重要になります。上の図では左側がリンクをクリックする前、右側がクリックしたあとのリンク色を示しています。「リンクの張ってある文字」「クリック済みのリンクの文字」「オンマウスのリンクの文字」をそれぞれ色で区別し、情報を伝わりやすくしています。

文字の可読性

情報量の多いサイトでは、まず文字が読みやすさが求められます。背景の色と文字の色の組み合わせによって、文字の可読性が変わってくるので、文字がはっきりと目立つように配色を考えましょう。

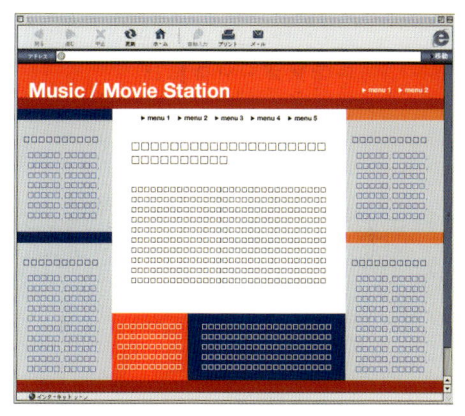

■配色アイデア-1

| CC3333 | 990000 | 003366 | CC6633 |

■配色アイデア-2

| 339999 | 006666 | 996633 | 669999 |

● 文字色とリンク色2

限られたスペースに多くのリンクを配置するときは、マウスがどのリンク上にあるのかがわかりにくくなることもあります。たくさんのリンクが並んでいるようなサイトでは、オンマウスのリンクの背景色を変化させるなどして、目立つようにするとよいでしょう。

Part 5　Webページの配色

121

ナチュラルなイメージを重視しているサイト

283

● 画像をより美しく見せる

低彩度のなかに彩度の高い色を配置することで、彩度対比によって彩度の高い色はより鮮やかさを増し、きれいな印象を与えます。また、自然の画像を扱っている場合には、グレイッシュな低彩度のアースカラーを使うことで、全体の印象をナチュラルなイメージにし、企業の堅実さも表現できます。

画像を大きく扱うサイトの配色

▶ 背景色で決まる画像の印象
▶ 低彩度の色を有効活用
▶ レタッチで見え方・イメージが変わる

Web RGB

　画像を大きく扱っているサイトでは、メインの画像の色を引き立たせるために、彩度対比によって画像の色をより鮮やかに見せる工夫をしています。明度については、高明度から低明度までサイトによってさまざまですが、色みの少ないグレイッシュなトーンを背景に使っているサイトが多く見られます。

　また、ナチュラルなイメージが強いサイトは赤や黄のペールトーンまたはライトグレイッシュトーン、都会的でクールなイメージのサイトは、寒色系で黒またはダークグレイッシュトーンの背景が多く見られます。このように画像を大きく扱うサイトでは、グレイッシュなトーンの使い方がポイントになります。

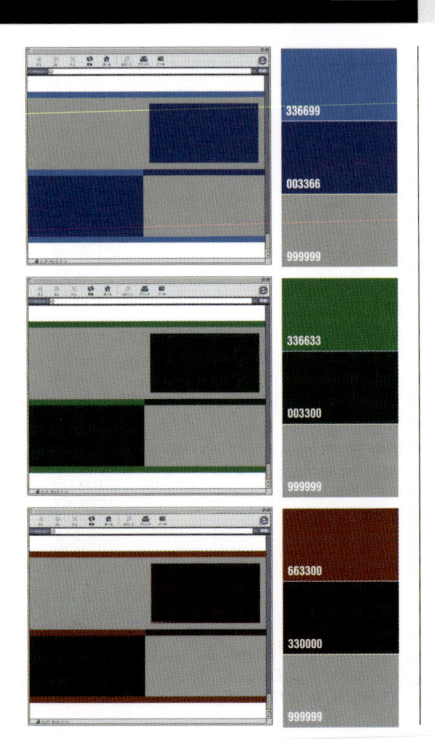

クールで知的なイメージを重視しているサイト

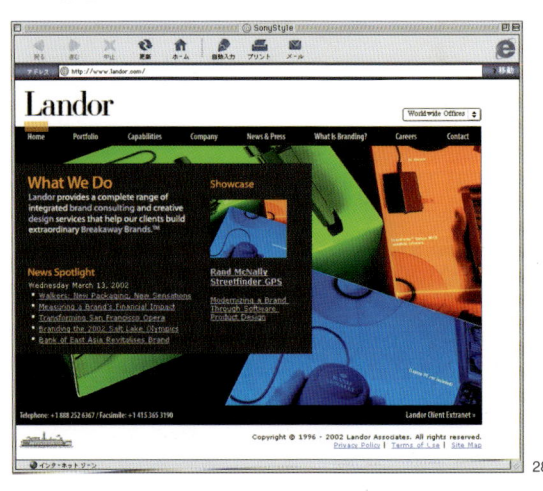

284

● グレイで知的なイメージに

無彩色は色みがないので、どの有彩色にも基本的には合う色です。ですから、複数の有彩色それぞれを見せる場合には、無彩色を使うと効果があります。明度の高い有彩色には明度の低いグレイを使うことでコントラストが高くなり、有彩色の見え方が強くなります。また、黒に近いグレイを使うことで対比が弱くなり、その少し控えめなところが大人のクールさを表現します。

■配色アイデア-1

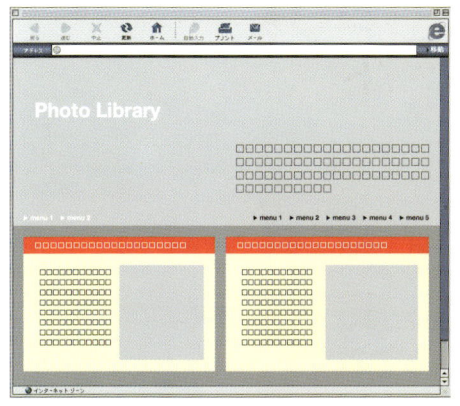

| CCCCCC | 999999 | CC3333 | FFFFCC |

■配色アイデア-2

| FFFFFF | CCCCCC | 660000 | CC9999 |

● 画像の面積と色

画像を大きく扱う場合は、その面積と色のバランスが全体のイメージに大きく関係しています。画像の大きさと色みを考慮して、文字や背景の色を決めます。

画像加工でイメージアップ

何気ない風景写真でも、ちょっとした加工でさまざまなイメージをつくることができます。また、画像の印象の強すぎると、文字などの情報が目立たなくなってしまうので、画像を加工をソフトに加工することでバランスを保つこともできるでしょう。

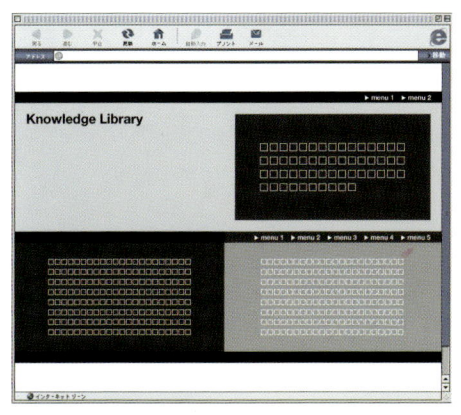

● オリジナル画像

■配色アイデア-1

| 000000 | 333333 | CCCCCC | 999999 |

■配色アイデア-2

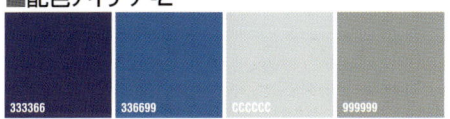

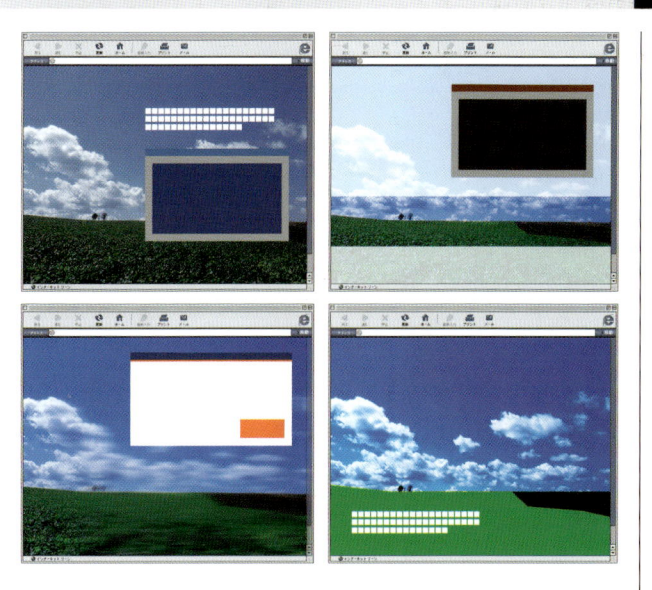

| 333366 | 336699 | CCCCCC | 999999 |

● 文字情報とのバランスで画像調整が必要になる場合

画像を大きく扱うサイトでコントラストの高い画像を使う場合に、企業名や文字情報が不明瞭になることがあります。そのようなときは、画像と文字情報とのバランスを考え、画像を加工するとよいでしょう。

Part 5 Webページの配色

123

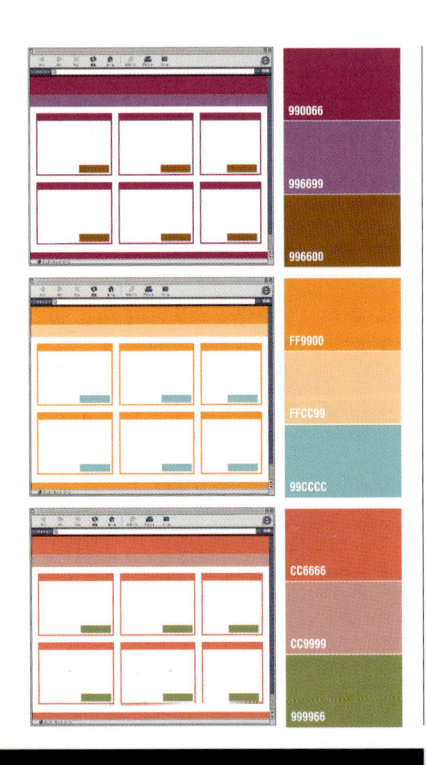

ブランドカラーで統一したサイト

285

● 明度の低いブランドカラーは背景を白に

明度の低いブランドカラーの場合は背景を白にすることで全体のイメージを明るくすることができます。また、ブランドカラーが微妙な色のときに背景に有彩色を使うと、背景の色に影響されてブランドカラーの印象が変わってしまうこともあります。ブランドカラーを強調する場合には、無彩色のなかでも白が有効です。

ブランドカラーを重視した配色

▶ 色で訴求力アップ
▶ ブランドカラーを印象的に
▶ 文字情報とのバランスが重要

Web RGB

黄色から連想されるものは？ といったら、バナナとかレモンと答える人がたくさんいます。同じように、ある色を見たときに、特定の企業や製品をイメージする人が増えたらどうでしょうか。その企業や製品が人の心に深く浸透し、何気ない瞬間に色によって、それらを連想する機会が増えることになります。

したがって、色によるイメージ戦略は、企業にとって重要な要素となります。ブランドカラーを意識したサイトでは、画像や文字情報までがブランドカラーで統一されていたり、トップページに文字情報がなく、ブランドカラーだけで企業のイメージを強調し印象づけるサイトなどがあります。

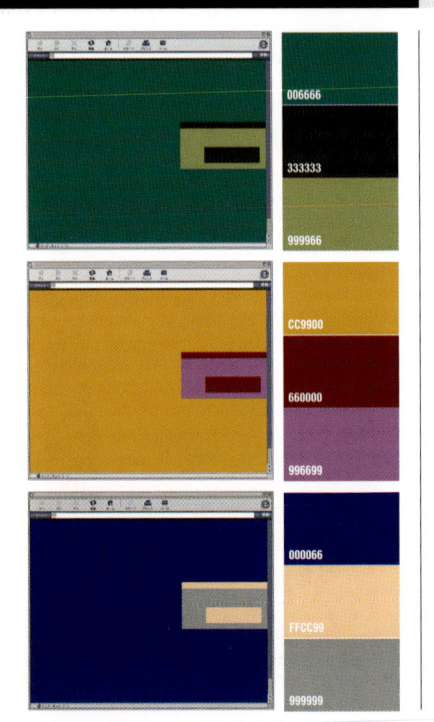

トップページに情報を載せないサイト

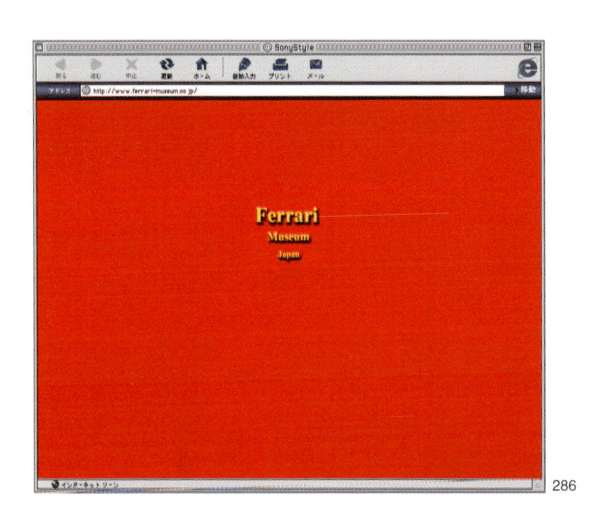

286

● 色のイメージを重視

ブランドカラーがある程度認知されている場合、とくにブランドカラーが高彩度の赤のときは、トップページに情報を載せなくても、サイトを訪れた人は興奮し、早く見たいという欲望に駆られます。

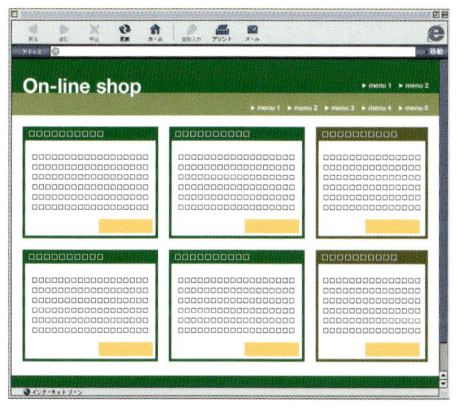

■配色アイデア-1

| 006600 | 999966 | FFCC66 | 666633 |

■配色アイデア-2

| 3366CC | 6699CC | CC3366 | 9999CC |

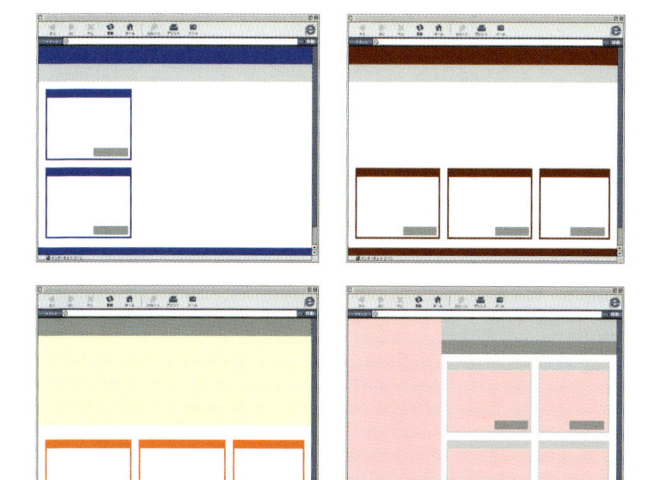

● ブランドカラーと色の面積

ブランドカラーを使うことで訴求効果を上げることができます。彩度の高いブランドカラーは誘目性が高いので、面積が小さくても効果があります（上段）。画面全体の色の見え方によって色の面積を決めます。

Webサイトのロゴ

ブランドカラーと並んで重要な役割をもつロゴは、企業のイメージを統一するために、使用方法には厳密な取り決めがあります。配色を考えるときも、ロゴのイメージを損なわないように、注意しなければなりません。また、Web上でロゴを新たに作成するときは、どの閲覧環境でも明快に見えるようなデザインや配色が求められます。文字を太くする、背景色とのコントラストと強くする、色数を抑えるなど、Webに適した色づかいを心がけましょう。

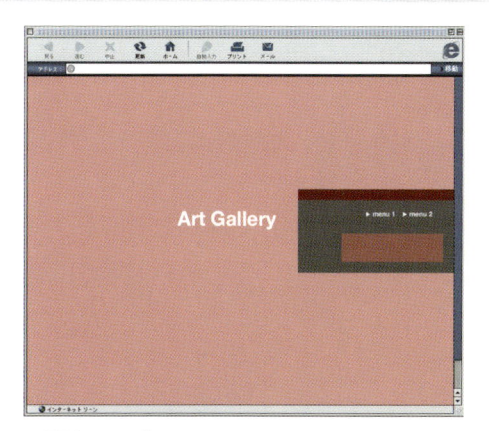

■配色アイデア-1

| CC9999 | 663333 | 666666 | 996666 |

■配色アイデア-2

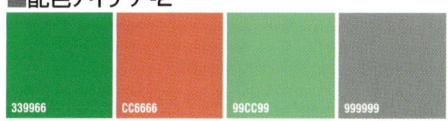

| 339966 | CC6666 | 99CC99 | 999999 |

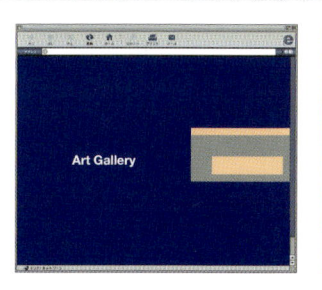

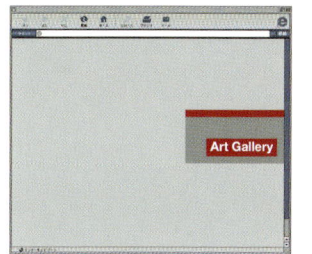

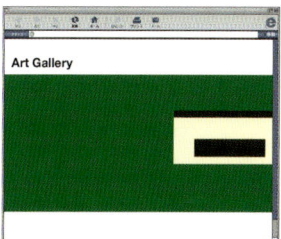

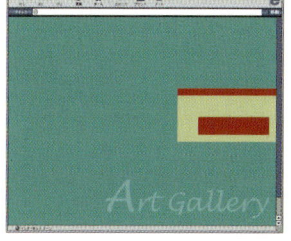

● ブランドカラーとタイトルのバランス

ブランドカラーを画面全体に使っているWebサイトでは、タイトル文字の位置と色が配色のポイントになります。ブランドカラーのイメージを損ねないように無彩色を使う、彩度の高い色でアクセントになるように配置する、文字色を淡めのブランドカラーで統一感を出すなどして、バランスを考えます。

Part 5　Webページの配色

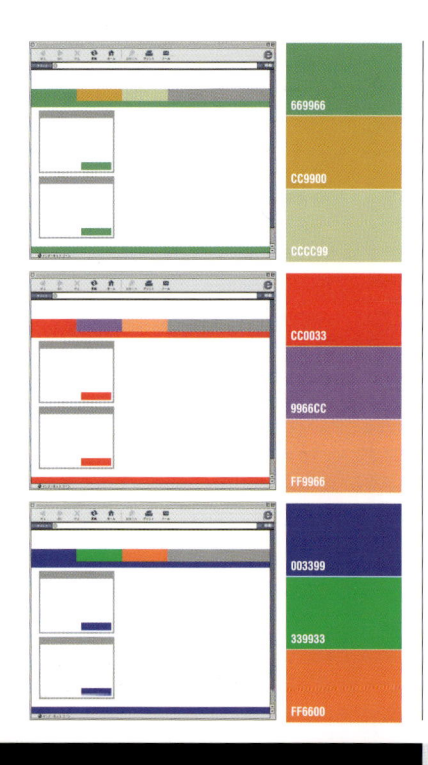

新着情報を特化して見せるサイト

● 対比の強い有彩色で目を引く

新着情報を重視するサイトでは、情報部分の色の対比を強くします。その他の情報を彩度の低い色またはグレイにし、背景の色との明度差を少なくすることで、差別化を図ります。しかし、全体の統一感を失ってしまうこともあるので、彩度の高い色は面積の小さいボタンなどに使うとよいでしょう。

情報の新鮮さを重視した配色

▶ 全体の対比バランスが重要
▶ 色のもつイメージを大切に
▶ ボタンなどの小面積の色が重要

Web RGB

めまぐるしく変化する情報を扱っているサイトで、新着情報を来訪者に告知することを重視するサイトでは、ユーザーに新着情報のありかを的確に伝えることが重要です。

たとえば、ブランドカラーとその同一色相を使ってサイト全体のイメージを統一し、新着情報などのボタンに対比の強いアクセントカラーを使って、最初にボタンに視線が向くように配色します。

また、企業全体のイメージを含めた情報の新鮮さを重視したサイトでは、黄緑から青までのペールトーンやライトトーンを使います。また、情報の多さを示すためにボタンやリンクの張ってある文字などに、たくさんの色相を使うのもよいでしょう。

新鮮な企業イメージを見せるサイト

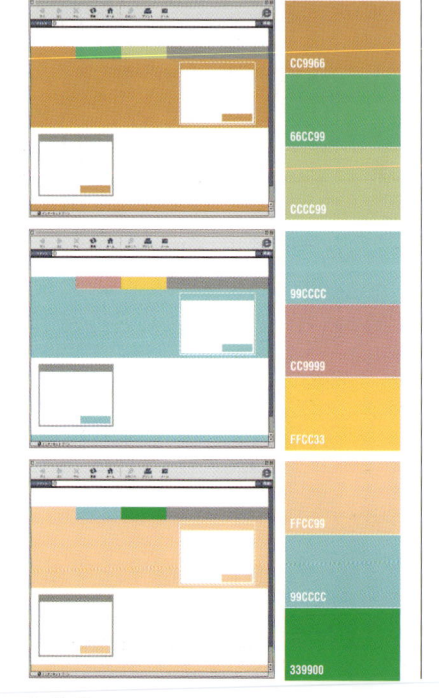

● 色のもつイメージを重視

サイトに訪れた人に、情報が新鮮であるというイメージを与えることは、とても重要なことです。色のもつイメージで、緑系統は新鮮さのイメージがあるので、緑系統の色の面積を増やすことで新鮮さを強調できます。同時に楽しさを表現するときには、複数の彩度の高い色を小面積で使い、画面全体に配置します。

■配色アイデア-1

| 0033CC | CC6600 | 009933 | FFCC33 |

■配色アイデア-2

| FF9933 | 99CC99 | 006666 | 339933 |

● 情報のグルーピング

タブ形式のナビゲーションを使う場合は、サイト情報が増えるにつれてカテゴリ数が多くなるので、情報の種類によってタブの色をグルーピングして整理します。情報の種類を分類することで、情報を明確に伝達することができます。

統一感と誘目性

新着情報を目立たせるためにボタンにリンクを張ることがありますが、サイトの統一感を重視して、サイト全体の色とボタンの色を同系色でまとめてしまうと、せっかくのボタンがあまり目立たない場合があります。このようなときは、サイト全体の色と補色関係にある色を面積を小さくして使えば、バランスを保ちつつ目立たせることができます。

● 同系色ではあまり目立たない 
● 補色を使うときは面積を小さくする

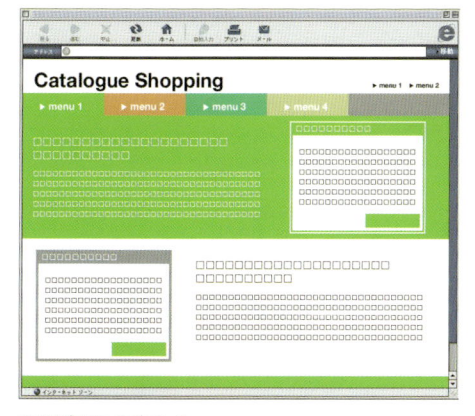

■配色アイデア-1

| 99CC33 | CC9966 | 66CC99 | CCCC99 |

■配色アイデア-2

| FF9999 | 3399CC | 009900 | FFCC66 |

● 情報の定期更新

他のメディアと連動して定期的に情報を更新するサイトでは、情報の更新を色の変化で知らせる場合があります。新着情報が一番目立つように、サイト全体の配色を考えます。

Part 5　Webページの配色

男性のイメージを強調した配色イメージ

● 男性的なイメージは無彩色・寒色系中心の色で

男性のイメージを表現するときには、無彩色や寒色系を中心にした配色が使われます。さらに力強さを強調するときにはコントラストを強くして表現します。また、暖色系の色を小面積で使うと、男性らしさのなかに楽しい雰囲気が加わります。

性差のイメージを重視した配色

▶ 男性的イメージは無彩色と寒色系で
▶ 女性的なイメージは暖色系で
▶ トーンによってそれぞれのイメージが変わる

Web RGB

最近では、性差をイメージした配色のサイトはあまりありませんが、扱っている商品が女性に限られる場合や、かわいらしさを強調するサイトには、しばしば暖色系でまとめられていることがあります。暖色系でも、とくにピンク系のライトトーンを中心とした配色が多く見られ、色相を少なく使い明度差をつけているサイト、類似トーンを使って色相差をつけているサイトなどがあります。

男性的なイメージの強いサイトは主に寒色系やグレイを使っています。明るいイメージを重視したサイトでは低彩度で明度の高いトーンが中心、安定感・伝統的なイメージのサイトでは低彩度で明度の低いトーンを中心に配色しています。

女性のイメージを強調した配色イメージ

● 女性的なイメージはピンクを中心に暖色系の色で

ピンクを中心にした暖色系の配色は、女性的なイメージを表します。なかでも明度差の少ない配色は、女性の優しさを表現するのに適しています。また、寒色系の色を少量加えることで、暖色系の色を強調することができます。グラデーションも柔らかなイメージをつくるのに効果的です。

■配色アイデア-1

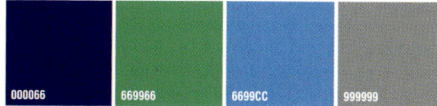

| 000066 | 669966 | 6699CC | 999999 |

■配色アイデア-2

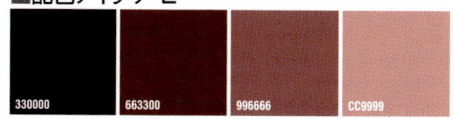

| 330000 | 663300 | 996666 | CC9999 |

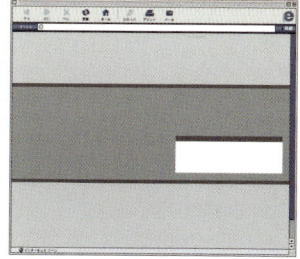

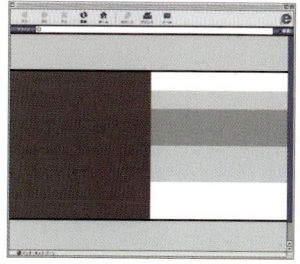

● グレイッシュな配色

グレイッシュな配色は、男性的なイメージや都会的なイメージを表すのに適しています。まずグレイのみで配色を考え、そのあとアクセントとして色みを小面積で加えていくとよいでしょう。

MacintoshとWindows

Webページはさまざまな環境で閲覧されますが、OSやパソコンの性能、モニタの違いやブラウザの種類などによって、色の見え方はさまざまに変わってきます。たとえばMacintoshとWindowsでは、一般的にWindowsのほうが色が濃く見えるため、濃い青などの色はほとんど黒に見えてしまうこともあります。どんな環境でもきれいに見られるように、配色の段階で考慮しておかなければなりません。

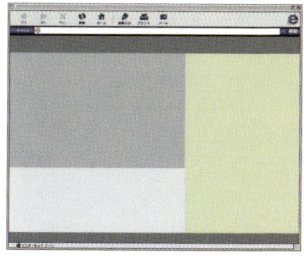

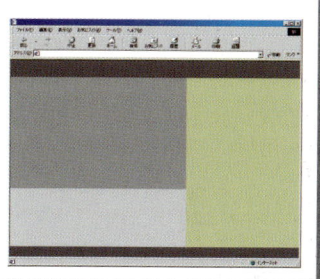

■配色アイデア-1

| FF99CC | FF6666 | FFCCFF | FFFFCC |

■配色アイデア-2

| CC99FF | 990099 | FFCCFF | FFFFCC |

● セパレートカラーでくっきりと

同系列の色でデザインする場合、隣接する色によって境界が不明瞭になることがあります。そのようなときは、セパレートカラー(P.084〜089)を使うことによって、不明瞭さを解消することができます。

Part 5　Webページの配色

エンターテイメント性を重視したサイト

● 彩度の高い色で印象の強いサイトに

彩度の高い色を使うことで、印象に残る配色が実現できます。高彩度で明度の高い黄を画面全体に使うことで、サイト全体が明るい印象になります。また、文字色を黒にすることで視認性・可読性も高まります。

自由度の高い個人サイトの配色

▶ 統一感のある配色を
▶ 情報とのバランスで色を決める
▶ 印象の強い配色に

Web RGB

　企業サイトと比較して、重要性の高い情報は少なく、自由度の高いデザインが可能になります。色についても、企業サイトでは使いづらい高彩度の色も自由に使うことができ、楽しくデザインすることができます。
　しかし、イメージやデザイン性を重視する傾向が強くなると、文字情報が見づらくなったり、ナビゲーションが不完全になったり、ページごとの統一感に欠けてしまったりします。客観的に見て、伝達内容が不明瞭にならないようにすることが大切です。

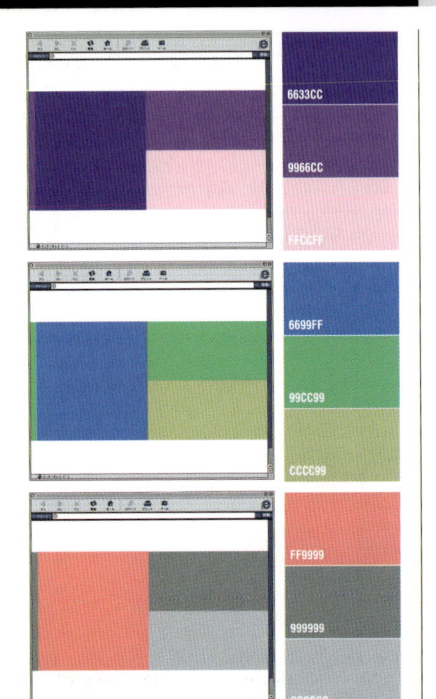

デザイン性の高さを重視したサイト

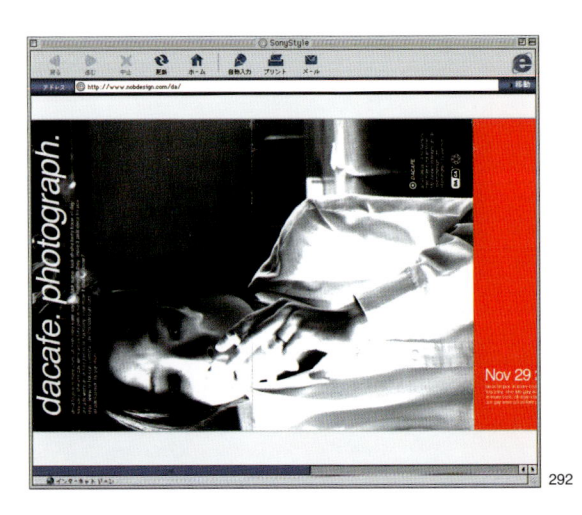

● サイトそのものが作品

デザイン性の高いサイトでは、サイト自体が作品となる場合が多く、万人向けにつくられる企業のサイトなどとは違い、サイトの個性を強くアピールできます。

■配色アイデア-1

| FFFFCC | 99CC99 | CC6633 | FFCC66 |

■配色アイデア-2

| CCCCCC | 990033 | FF0000 | CC9999 |

● テーブルカラーと透過GIF

たくさんの画像をつくらなくても、HTMLのテーブルカラーと透過GIFを使えば、カラーバリエーションを増やすことができます。色みを含めた更新や追加の頻度の高いサイトでは、更新のたびに画像をつくり直さなくてもよいので有効です。

透過GIFってなに？

GIFファイルの種類のひとつで、透過色に指定した1色が透明になり、背景の色が透けて見えるファイルのことです。丸いボタンを配置するときなどは、画像と背景をなじませるために有効です。

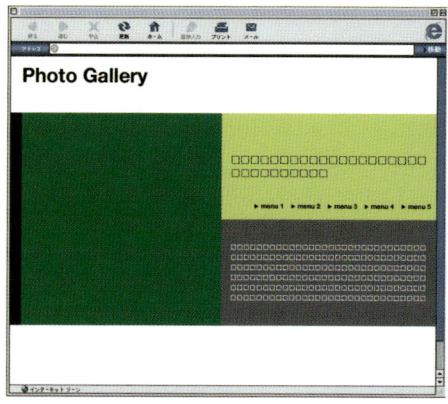

■配色アイデア-1

| 333333 | 336633 | CCCC66 | 666666 |

■配色アイデア-2

| 669999 | FFCC66 | 99CC99 | CCCCCC |

● 自由なレイアウトと配色を

個人のサイトでは、通常は見づらいとされるレイアウトや色を使うことができます。個性的なデザインや配色で、エンターテイメント性の高いサイトを楽しめます。

Part 5　Webページの配色

Webセーフカラー 一覧

Webセーフカラーとは、8ビットカラーの256色のなかで、WindowsとMacintosh間で色の変化が起こらない216色のことです。セーフカラーを使うことでWeb上での色の表示差を抑えることができます。階調が多い画像の場合などは、色が変わっても階調が変化しないので、全体の印象に大きな影響を与えることはありませんが、マットな色面が多いホームページをデザインする場合は、色の表示の変化は大きく影響するので、Webセーフカラーのみで配色するとよいでしょう。

COLUMN 005

Part 6
配色ケーススタディ

Part 6　配色ケーススタディ

コーポレートブランディングにおける配色

ランドーアソシエイツ

ランドーアソシエイツ　インターナショナル　リミテッド／世界最大のブランディング／デザインのコンサルタンシー。CIの先駆者として知られ、ブランディング業界の標準となっているコンサルティングメソッドをグローバルに提供している。日本国内の主要実績として、JAL、ENEOS、UFJ銀行、JTB、長野オリンピック、NEC、NTTコミュニケーションズなどがある。本社はサンフランシスコ。
〒102-0093　東京都千代田区平河町1-4-12　相互平河町ビル6F
TEL：03-3263-2291　　FAX：03-3263-2292　　URL：http://www.landor.com/

色のパワーが特定のブランドを想起させる

他社との競合に打ち勝つブランドの力は、企業にとって重要な財産のひとつです。その構築の過程では色もまた、大きな役割を果たします。

　ランドーアソシエイツ（以下ランドー）は、「ブランド」の構築をサポートする企業です。顧客企業に対してはまずコンサルティングを行い、その結果をもとに他社との競合に耐えうるブランディングの方向性を提案。併せてネーミング、コーポレートマークのメンテナンスや新規制作も行います。同社は1941年にサンフランシスコで設立され、現在は日本を含めた16カ国に事業所を設置し、ワールドワイドに事業を展開しています。
　ここでは同社日本法人でクリエイティブ・ディレクターを務める家田律氏に、色彩がブランディングの中でどのような役割を果たしているのかをお聞きしました。

他のブランドに埋没しない色を選ぶ

　ランドーが担当した案件のひとつに、日石三菱のブランド「ENEOS（エネオス）」があります。エネルギーを思わせるオレンジ色に「ENEOS」の文字を白く抜いたブランドマークは、全国のガソリンスタンドで2001年から使用されています。ランドーが提案したこの名称は「ENERGY」と「NEOS（ギリシャ語で"新しい"の意）」を合わせた造語。オレンジ色をベースにしたカラーリングも、もちろんランドーの手によるものです。
　「このケースでは、同業他社との差別化という観点からブランドカラーの選定を進めていきました。日本国内のガソリンスタンドには、エコロジーを意識してか、グリーンとブルーが非常に多い。また黄色はシェル、赤も出光とエッソのイメージが定着しています。ところがオレンジを用いている企業は全くなかった（❶）。そこに着

❶a 既存のブランドマークを色相別に分類すると、オレンジの周辺がブランクになっていることが判明。他社との差別化にはオレンジが適しているという結果に。

❶b 日石三菱「ENEOS」のブランドマーク

134

目してオレンジを差別化に最適な色だと判断しました。またエネルギーをポジティブに表現するという点でも、適したカラーだと思います」と家田氏。

マークのデザインが固まると、それを店舗やグッズに展開した様子をCGで制作するなどして、シミュレーションを行います。それを見ながら関係者で討議を重ね、新しいシンボルマークがあらゆるシーンに適合するよう色味を調整するなど、完成へ向けたブラッシュアップを行います。

色を生かして「間違えない」デザインを

ENEOSではエンジンオイルのパッケージを、種類ごとに色分けしています。プロ仕様製品はゴールド、ヨーロッパ車用はシルバー、一般向けの売れ筋製品がシンボルカラーのオレンジ、ディーゼル用には環境を意識した緑を用いています（❷）。これは「色のもつ分類機能に着目した結果」であると家田氏はいいます。色分けによって個々の識別が容易になり、目的の品を間違えずに選び出すことができるからです。

「コンビニエンスストアのカラーというのも非常に機能性を重んじた配色のひとつです。街の中で赤、緑、オレンジの3色のストライプを見かければ、看板を見るまでもなく、私たちはそれをセブンイレブンだと瞬時のうちに認識できるでしょう？」

そうした色の識別機能は鉄道路線図などにも利用され、複雑な路線を感覚的に把握するのに役立っています（❸）。

❷ENEOSのエンジンオイルのパッケージ。種類ごとに色分けすることで識別性が高まり、一瞬のうちに目的の缶を選び出すことができる

MEITETSU Train Map Design System

❸ランドーが制作した名鉄の路線図。図中で路線ごとに塗り分けている色は、駅名表示板の色とも連動しており、利用者の誘導に役立っている

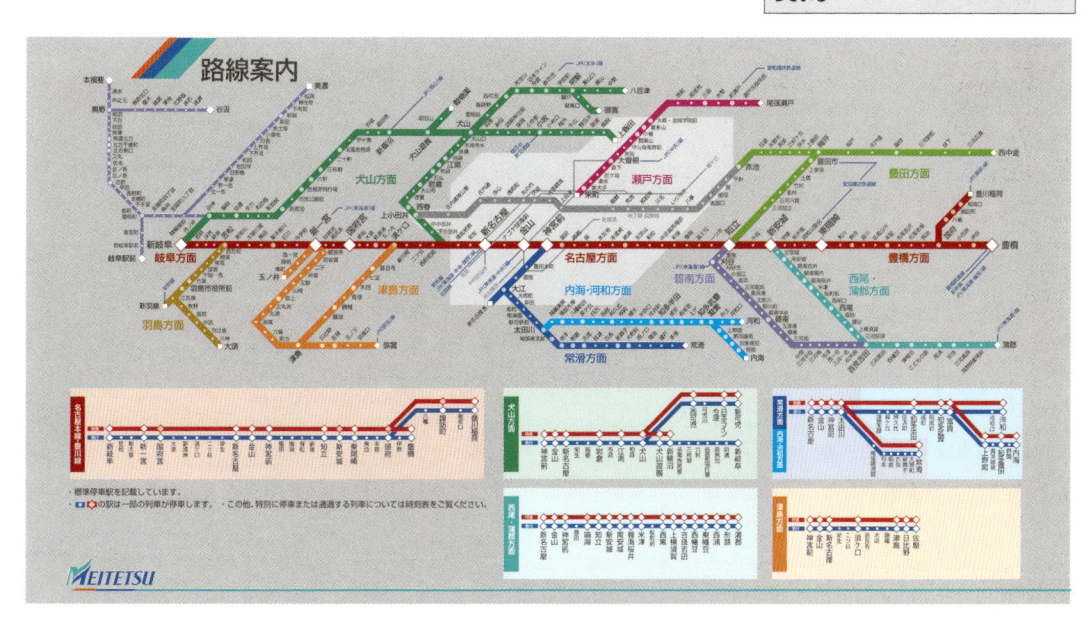

Part 6 配色ケーススタディ

❹ 各銀行のシンボルカラーを調査した結果、ゴールドの円環が浮上してきた

「らしさ」を色で表現する

　三和銀行と東海銀行が合併し、2002年に誕生したUFJ銀行。シンボルマークはゴールドリングで、ベースにはワインレッドが配されています。その制作にあたっては、まずENEOSのときと同様に、他行のシンボルカラーを調査することから始まりました。調査結果をもとにして、既存の銀行にはない新奇性と、信頼性を表現できるシンボルを追求した結果、ゴールドリングが浮上してきたのです（❹）。
　「デジタル開発におけるカラーリングのイメージ基準には差別性、信頼性、機能性を重視しています。銀行らしさがあって、なおかつ記憶に残りやすい。他行と混同せずにすぐに思い起こすことができる、ということですね」

　しかしゴールドリングだけではサインとして機能させにくいため、ゴールドと親和性の高い色をベース用として1色設定することとなりました。ランドーではベース色のサンプルを数十点制作したうえで、最終的にワインレッドを提案しています。たとえば、青をベース色にした場合、先進性を感じさせる半面、専門性が高すぎてお客が親しみをもてない、ブラウンだと看板などに用いた場合、落ち着

❺ UFJ銀行のシンボルマーク。背景の色は、最終的にワインレッド、ブルー、ブラウンのなかから選出された

きすぎて目立たないなど、さまざまな角度から検討を重ね、ワインレッドを選び出しました。

決定案となったワインレッドは、親しみがもてる色であり、かつクオリティの高さを感じさせること、外資系も含め他の銀行で類似したシンボルカラーが使われていないことなどが評価されました（❺）。最終的にはゴールドリングとワインレッドのベースの双方にグラデーションを配し、より深みのある色合いに仕上げています（❻）。

コーポレートカラーは看板や印刷物などのさまざまな媒体や素材に展開する必要があるため、数年前までは、再現に困難をともなうグラデーションが用いられることはありませんでした。しかし最近では印刷技術が発達し、グラデーションの再現性が格段に向上したことと、従来アナログな手法で行われていた色指定がデジタルデータに置き換えられることで正確さを増したという理由から、グラデーションを取り入れたコーポレートカラーが広く使われるようになってきています。

配色のヒントは「差別性」と「基幹商品」

ランドーではブランドカラーを決める際に、2つの手法をよく用いるそうです。ひとつは競合他社の色使いを調べ、それと差別性のある色にすること。もうひとつは、企業の基幹商品を連想させる色を用いることです。ENEOSとUFJ銀行は前者、後者では森永製菓のブランドマークがそれにあたり、同社の看板商品であるチョコレートとココアを想起させる色を、という理由から茶色がかった赤が使われています（❼）。

また、上記以外の手法によるものとしてはNTTコミュニケーションズのコーポレートマークが挙げられます。同社はIT時代の本格化を睨み、99年に設立された若い企業。その先進性を表すために、のちに決定案となる、ウイング状の曲線を用いたロゴマークのフォルムがまず考案されました。そしてそのフォルムを活かす色として、当初は全体をブルー系でまとめていました。しかし「硬質すぎる」「親しみやすさがほしい」という意見が出たため、配色を再検討することに。試作を重ねた結果、黄色を用いたマークが、先進性とスピード感、躍動感を損なうことなく、親しみのもてるイメージの演出に効果を発揮するとわかりました（❽）。

コーポレートマークのように、広い地域で利用され、そのなかで均質性を保つ必要があるものについては、運用管理にも留意する必要があります。ランドーでは運用のためのマニュアルガイドを作成しており、マークの作図指定、色指定を掲載しているほか、シンボルカラーの見本となるカラーチップも添付。カラーチップには単色部分だけではなく、グラデーション部分も含まれ、正確なカラーリングの再現を容易にしています。またこれらのマニュアルは、すべてデータ化されており、各クライアントの支社・支店の社員が同社のイントラネットにアクセスしてデータを得ることもできます。

❻街中で一際映えるUFJ銀行のワインレッド。グラデーションがより深みのある色合いを演出している

❼1986年から使われている森永製菓のコーポレートマークでは、チョコレートとココアを連想させるカラーを用いている

❽NTTコミュニケーションズのコーポレートマーク。初めは全体をブルーでまとめていたが、「硬すぎる」という声を受けて配色を変更した

Part 6 配色ケーススタディ

ディスプレイデザインの配色
田丸靖史

たまる せいじ／1966年、山口県下関市生まれ。1989年、武蔵野美術大学空間演出デザイン学科卒業。1989年から6年間ディスプレイデザインの会社に勤務したのち、1995年に独立。以降、フリーのディスプレイデザイナー。ポーラウィンドウで1994年DDAディスプレイデザイン優秀賞、2001年ディスプレイ産業奨励賞を受賞。
E-Mail：s-tamaru@jcom.home.ne.jp

色づかいそのものがアイキャッチになる

瞬時のうちに、見せたいものに視線を集める──
そんなディスプレイデザインの役割も、色を効果的に使うことで可能になります。

　ショーウインドウのデザインでは、限られたスペースの中で季節や環境に合った演出をし、足早に通り過ぎる通行人の目を引きつける魅力を発信していくことが要求されます。昼間は太陽光にさらされ、夜は街の照明の影響を受ける屋外ディスプレイでは、展示したものが常に同じ状態で見えるとは限りません。そのためデザインを起こす段階で、周辺環境の変化を前提としてカラー設計を進めていく必要があります。

　空間デザイナーの田丸靖史氏は、これまでにショーウインドウや展示会などのディスプレイを多数手がけ、東京銀座にあるポーラ化粧品のディスプレイデザインを、10年以上にわたって担当しています。その田丸氏に、ポーラ化粧品のディスプレイをケーススタディとし、魅力あるディスプレイのためのカラー設計についてたずねました。

色は素材によって
見え方が変わる

　2001年クリスマス用に制作されたディスプレイでは、無彩色の商品を取り囲む朱赤のオブジェに目を奪われます。寒い季節に温かみをもたらす赤い色も、その見せ方には細心の注意が払われています（❶）。

　「色を決めていく際に僕がいちばん気をつけているのは、使用する素材の質感ですね。同じ色でもそれを置くマテリアルによって、温度感や見え方がまったく変わってきます。制作過程ではカラーチップを見本にして色を決めることもありますが、実物がその色指定通りに仕上がるかということより、むしろマテリアルの選定に注意を払います。ポイントカラーを一色に絞って構成する場合、全体が平板な印象にならないように、この場合ならフェルトの柔らかい赤、アルミの硬質な赤、リンゴのような有機的な赤、と使い分けて質感にバリエーションをもたせ、奥行きが出る工夫をしています」

　オブジェ内側に整列しているリンゴはイミテーションですが、至近で見ても本物そっくりの精巧なできばえ。その表面の細やかな色合いがディスプレイ全体に生命力を与えています。

❶銀座ラ・ポーラ　2001年クリスマス
側面の曲線部の素材は上からフェルト、アルミと使い分けている。赤〜黄の色相が細かく入り混じるリンゴの表面色と相まって、赤という色に豊かな表情を与えている

❷銀座ラ・ポーラ　2000年春
金属の輝きに包まれたピンクの蝶が目を引く。一見硬質なイメージのバックには、蝶が舞い降りてくるまでの軌跡が優美な曲線で描かれている

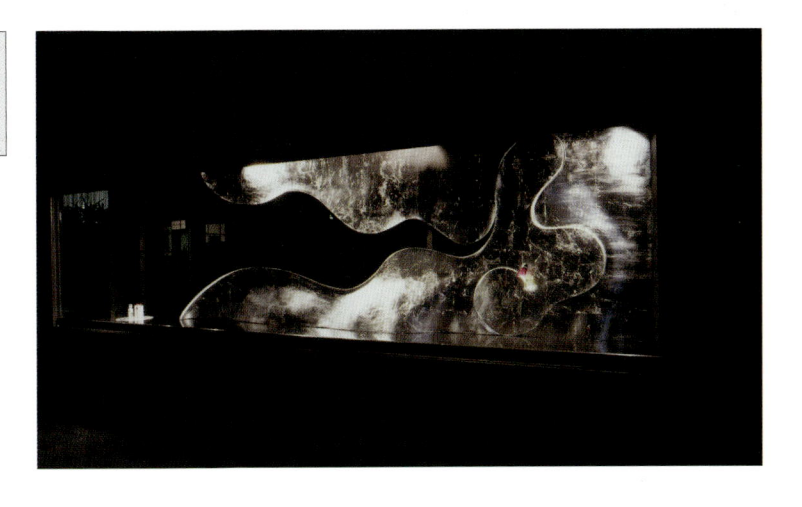

色の主役は
ひとつに絞り込む

　2000年春に発表された香水のディスプレイは、ピンクの蝶が香水瓶の上に舞い降りるというシチュエーションです（❷）。バックは鈍く光る銀箔を用いた硬質なイメージ。抑えた色味の中で、あでやかな蝶に視線が集中する配色となっています。

　「スケッチの段階で何が主役なのか、最も見せたい1色がどれなのかを決めて進めるようにしています。この場合は蝶のピンクですね。小さな蝶なんだけど目立たせたい。それをいきいきと見せるために、バックの色味は抑えています。しかし色味を抑えても存在感は欲しいので、そのぶん質感を工夫するわけです。ここでは銀箔を用いて、均一でない、調子のあるバックにしています」

　この作品に代表されるように「ひとつのウインドウの中で多色使いをすることは少ない」という田丸さんですが、ネイルカラーのディスプレイでは多色づかいも試みています（❸）。

　「形は蝶がフワフワと飛んでいるような、花びらが風に舞っているような、そんなイメージです。色は商品と同一ではなく、実際のネ

Part 6　配色ケーススタディ

❸銀座ラ・ポーラ　1995年春
ネイルを連想させるため、オブジェのツヤにはこだわった。バックが明るい昼間と、暗くなる夜では、オブジェの表情も変化する

イルカラーより少しポップにして商品カラーにはない紫や黄も取り入れました。ネイルを連想させるために、ツヤ感のある仕上げにしています。これはピアノ線で吊り下げていて、そばにある自動ドアの開閉で生じるわずかな風でゆらゆらと揺れるんですね。春らしい軽やかなイメージを演出しています」

主役の色を印象づける2つの方法

94年新年のディスプレイは、お正月を意識した「和」のしつらえ（❹）。黒い瓦の上に羽子板の赤い羽根と、商品のチューブが白く浮かび上がるデザインです。
「黒イコール陰気というイメージだけではないはず。扱い方、形との兼ね合いで黒のもつ表情は広がります。この場合、黒の役割は"和"の演出ですね。"お正月だから門松"でもいいのですが、赤い羽根と黒い瓦だけでお正月を表現してみるのも、おもしろいんじゃないかと」

瓦をそのまま用いたマットな質感の黒は、結果的に商品の白を際だたせていますが、田丸氏はポイントカラーを強調するために、状況に応じて2つの方法を使い分けるそうです。たとえばファッションの流行が白の場合、白い商品を際だたせるためにバックに黒などの濃い色をもってくるという方法がまずひとつ。そしてもうひとつは「白」という色自体を鮮明に印象づけるため、ショーウインドウ全体を白で統一する方法です。こちらは主役となる商品が同系色のバックになじんで目立たなくなる可能性もあるため、照明を当てて商品を浮き立たせるというような調整をするそうです。

「もし見せたい色が赤だとしたら、一般的な配色のセオリーからいえば、補色の緑をバックにもってくるという解答もあります。しかし実際には、バックであるはずの緑が目立ちすぎてしまうことが多い。そうした場合には、均一に塗装された緑を用いるのではなく、自然の中の緑、雑多な色が混じり合って構成される緑をもってくれば、バックに落ち着きが出て調和がとれるはず」と田丸氏。ナチュラルな素材・質感を随所に取り入れながら、色を組み合わせていくことが、互いの色を喧嘩させずに全体の調和をとる大きなポイントのようです。

透明感のある色は照明でつくり出す

花の香りのエッセンスを用いたギフト用ソープのディスプレイで

❹銀座ラ・ポーラ　1994年新春
瓦の黒、羽根の赤で「和」の雰囲気を演出。抑えた表現は、同時期のきらびやかな他のウインドウとは一線を画していたであろうと思われる

⑤a銀座ラ・ポーラ　2001年夏
白い円の中の色は、照明の色がガラスに反射したもの。物体の表面色を見せるだけではなく、このように照明で色をつくり出すことも多い

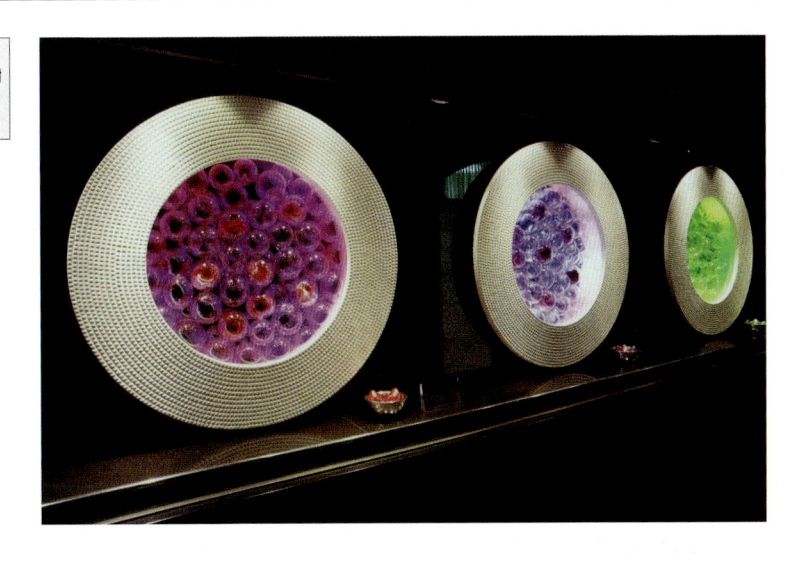

は、照明に工夫を凝らし、光の色を最大限に利用した構成がなされました（⑤）。ソープの香りはユリ、カトレア、バラの3種で、ディスプレイではそれをそのままイメージソースにして展開しています。田丸さんは「泡の中に花の香りが閉じ込められたイメージをつくりたかった」といい、まずガラスで小さな球体をたくさんつくり、それをさらに白い円形のなかに入れ込むというデザインを考えました。

タイルで縁取られた白い円は、内側に小型の蛍光灯が取りつけられ、その蛍光灯を色つきのゼラチンで覆うことにより、紫や緑の光が円の内部を照らす構造になっています。その結果、内部のガラス球が照明を反射し、カラフルでありながら清涼感のある色が生まれました。

「蛍光灯は1パターンに対しそれぞれ3色ずつ使用しています。内部の球体は、一部色のついた花が閉じこめてありますが、ガラス自体は無色透明。この淡いグリーンや紫色は物体の色ではなく、照明をガラスが反射したときの色なんです。こういった光の色を利用したデザインの場合は、最初に色を決めても、なかなか思い通りにはいかないですね」

とはいえ、このディスプレイは田丸さん自身が気に入っている作品のひとつだそう。色彩の精度のみにとらわれるのではなく、色を映し出す素材の質感を選び抜くという方法で成功した好例といえるでしょう。

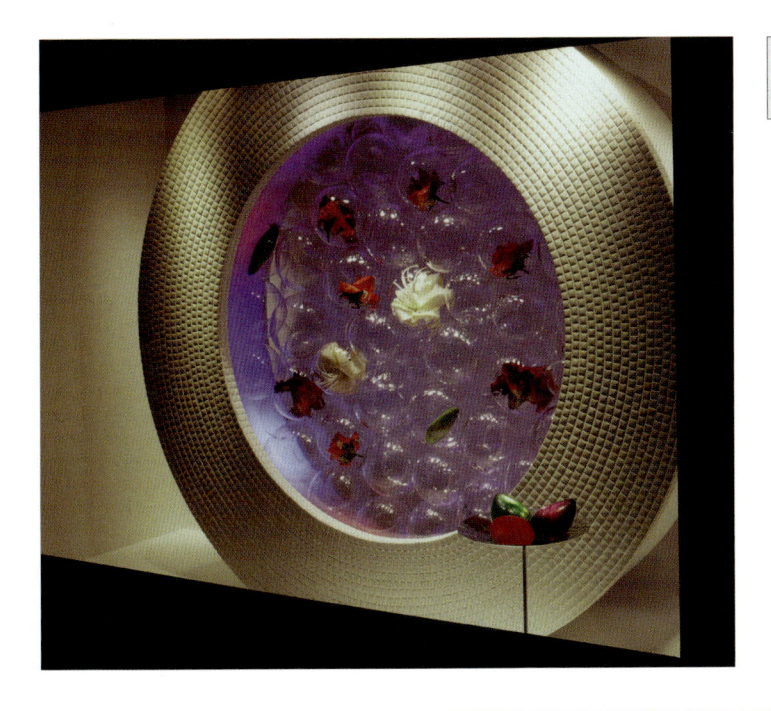

⑤b
球体ガラスは無色透明。それが照明の色を反射し、透明感のある微妙な色合いを醸し出す

Part 6 配色ケーススタディ

Webサイトの配色
レインボー・ジャパン

レインボー・ジャパン／2002年1月で設立12年目を迎えたデジタルメディア・プロダクションのパイオニア。Webを中心にCG、DVD等の制作に幅広く精通。デザインなどインターフェイスのみの制作に止まらず、クライアントの目的に合わせたビジネスの成功に貢献できる提案を実現している。
〒150-0013　東京都渋谷区恵比寿1-3-1
TEL：03-5475-7361　FAX：03-5475-7362　URL：http://www.rainbow.co.jp/

色の機能を応用し利用しやすいサイトをつくる

双方向のコミュニケーションを特徴とするWebサイトのデザインでは、ユーザー層や利用環境を考慮しながら色を配していく必要があります。

レインボー・ジャパンは映像をはじめとするデジタルメディア制作の分野で実績をもつ企業です。成長著しい業界に身を置く一方で、他企業とのコラボレーションも積極的に行い、さまざまなデザインのノウハウを蓄積してきました。ここでは、Webサイトの制作に焦点を当て、機能とエンターテイメント性、ユーザーとの双方向性を満たすために、同社が実践している配色法についてお聞きしました。

サイトの目的と配色の関係

レインボー・ジャパンにおけるコンテンツ制作は、まずコンセプトワークからスタートします。そこでクライアントの表現意図と、サイトに集うユーザーの目的を整理し、両者の目的に添ったデザインを起こしながら、配色の方向性を絞り込んでいきます。その段階で、機能上クリアしておくべき基本条件を決定します。たとえばページをプリントアウトする可能性のあるものなら、黒バックに白文字というデザインは排除されますし、公共性の高いサイトであれば、最新のマシン環境を前提とした新奇性のあるデザインより、マシン環境が多少古くても支障なく見られるデザインであることが優先されます。また今後急増するであろう、高齢者ユーザーが利用するサイトでは、視認性に留意することが求められます。

「ある調査によれば、高齢者が見やすいサイトにするためには、単に鮮やかで目立つ色を使うとか、文字と背景色とのコントラストを強くすればいいというものでもないそうです。60代くらいからは老人性の白内障で眼球が黄濁してくるため、3原色のなかではまず黄色が認識しづらくなるんですね（❶）。だから目立つという理由で黄色を用いた場合でも、高齢者にはかえってわかりにくくなる。そうしたデータも調べながら、サイトの配色に生かすようにしています」と、プロデューサー・川添祐貴氏。このように色の機能を正しく理解

❶目立たせるために黄色を使った配色も、高齢者にとっては逆効果となる場合もある。上の図は正常な人の見た目と白内障の人の見た目の違い
（東芝けあコミュニティ：http://care.toshiba.co.jp/care/index_j.htm）

❷色分けしたタブが見やすいJR東日本のサイト。最新のインフラでなくても支障が生じないベーシックなデザインで構成している

❸それぞれの土地をイメージされるように配色にも気をくばっている

Part 6 配色ケーススタディ

しておくことも、使いやすいサイトづくりのためには欠かせないステップです。

不特定ユーザーの利用に耐える配色

JR東日本のサイトは、2001年4月にリニューアルし、パステルカラーを効果的に配した明るく親しみやすいイメージに模様替えしました。当時、制作に携わっていた川添氏は、その経緯を次のように説明します。

「JR東日本のサイトは当初、コーポレートカラーの緑を多用したデザインでした。その緑色が紙媒体ではもちろん問題ないんですが、モニタによっては深く見えてしまう場合があったんです。そこでJR東日本の象徴である緑色を残したまま、もっと明るいイメージにできないか、ということがテーマとして浮上してきたんです。同時にユーザーの急増にともなってコンテンツも増えたため、サイトの機能面の整理と再構成として、タブを用いたデザインをリクエストいただきました」

そこでレインボー・ジャパンでは背景色を白ベースに変え、コーポレートカラーの緑色を、左上のロゴ部分などのポイントに絞って使用するデザインを考案。またトップページのタブはパステルカラーで色分けし、明るいイメージの使いやすいページに仕上げました(❷)。

「コーポレートカラーなど強調したい色は、配置を熟考すべきだと思います。強調したいから広い面積に置く、ということではなく、たとえワンポイントであっても、全ページにわたってテキストの最初に配置するなどの処理をすれば、小さな色面でも強く印象づけることは可能です。これは全体の統一感を保ちながらコンテンツの変更に対応していく上でも、有効な方法だと思います」

また、キャンペーンや期間商品などのインフォメーションでは、季節感やその土地をイメージさせる配色を取り入れて、ソフトな雰囲気を演出しています(❸)。

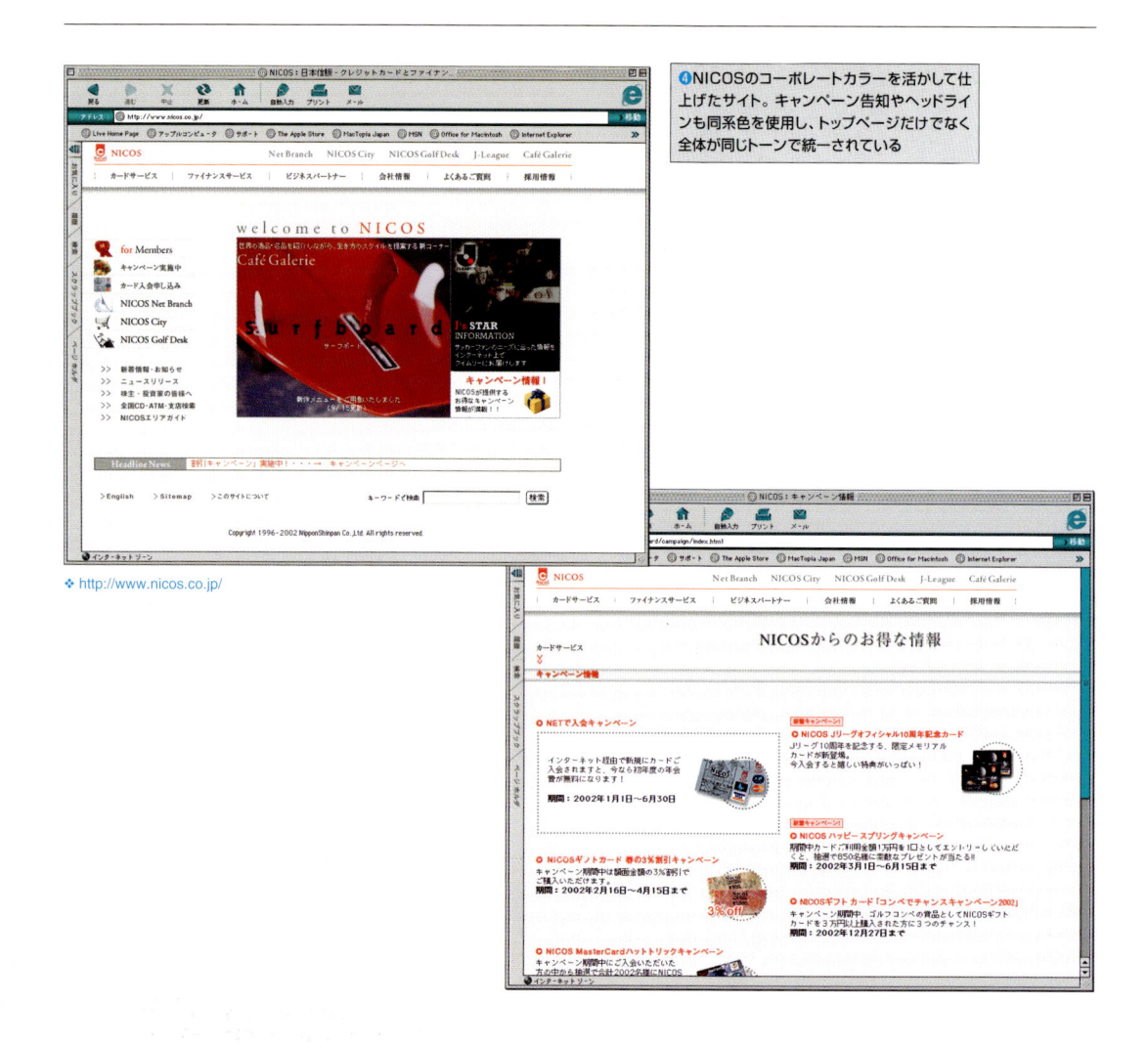

❹NICOSのコーポレートカラーを活かして仕上げたサイト。キャンペーン告知やヘッドラインも同系色を使用し、トップページだけでなく全体が同じトーンで統一されている

「抑制のデザイン」でトータルイメージを創造

信販会社の日本信販（NICOS）のサイトは、コーポレートカラーを反映したデザインです（❹）。NICOSのイメージとして定着している赤とグレイを基調に、テキストリンク部分のみ、青を使用しています。ユーザーナビゲーションを犠牲にしない範囲で色数を抑え、白地を残しているため、全体を通して見てもポイント使いの赤が効いており、NICOSらしいカラーリングに仕上がっています。色数を制限する一方で、適度に写真を使用し、白地部分には淡いグレイのストライプを配するなど、細かなデザイン処理が行われているため、画面に退屈さを感じることもありません。

全体的には抑制のきいたスタティックな印象ですが、キャンペーン告知やヘッドラインなど、目立たせたい部分も含めて各項目が整理されているため、ユーザーが目的とするコンテンツへとスムーズにたどり着くことができます。

表示色のギャップを乗り越えるには

Webはユーザー側の環境によって、表示される色が変化します。たとえば、CRTモニタよりも液晶画面のほうが全体に黄味がかって見えてしまいますし、MacintoshとWindowsでは後者がより沈んだ色合いで表示されます。この傾向はとくに青系で顕著に現れ、Macintoshで制作したサイトの濃紺の色面は、Windows上で見た場合には黒と同化してしまうことすらあります。

こうしたギャップを防ぐには、制作時にWebセーフカラー（P.132）と呼ばれる216色のなかから選んだ色のみを使用する、というのもひとつの解決法です。そうすれば少なくともMacintoshとWindows間では同じ表示色が得られるからです。しかしさまざまなコンテンツのなかには、Webセーフカラーだけでは対処できない場合も少なからずあります。

クレイアニメーション『ウォレスとグルミット』を起用した住友生命

5a「ウォレスとグルミット」ではクレイ（粘土）を彩色したような、わずかにくすんだ色を多用している

❖ http://www.sumitomolife.co.jp/character/index.html/

© and ™Aardman / W&G Ltd 2002.

5b キャラクタの住む家を連想させる淡いオレンジの壁紙模様など、暖色寄りの配色でアニメーションのもつ世界観を表現した

のキャンペーンサイト制作では、クライアント側の強い意向により、ムービーの世界観を反映したデザインが求められました。
「キャラクターを生かす色づかいを」というテーマに対して、制作者側が実践したのは、物語のイメージに合う暖色系の配色にすることと、粘土でつくられたキャラクタの風合いを連想させる質感を、サイトのベースカラーにも用いることでした。そのため鮮やかで濁りの少ないWebセーフカラーと比べ、やや抑え気味の、マットな質感を連想させる色を多用して制作しています（5）。
このようなサイトでは、制作現場と異なる環境下で、サイトがどのように表示されるかを予測しながら制作を進める必要があります。レインボー・ジャパンでは、カラーチェック用に種類の違う8台のモニタを用意して、それに対応しています（6）。デザインが最終段階に近づいたサイトは、いったん8台のモニタに表示させ、どのモニタでも支障なく見られることを必ず確認してから最終仕上げが行われます。前述のNICOSのサイトでも、バックの白地に配した淡いグレイのストライプが、すべてのモニタにおいて適度な濃度で表示されるように、この段階で数十回にわたる色調整を行っています。

6 作業スペースのとなりに機種、OSのバージョンなどを変えたモニタを用意。すべてのモニタで見やすい表示色が得られるまで、微調整を行う

Part 6 配色ケーススタディ

Part 6 配色ケーススタディ

イラストレーションの配色
大寺 聡

おおてら さとし／1966年生まれ。1990年、武蔵野美術大学デザイン学科卒業。以降、フリーイラストレーターとして活動。アナログとデジタル、都市と自然を行き来しながら、今後のグラフィックの可能性を追求しています。現在、鹿児島県在住。詳しい活動状況は、http://www.ohtematic.com/にて。

イマジネーションを色の重ね方で表現する

頭に浮かんだイメージを表現するために必要な、アイデアの「引き出し」。
クリエイターは、色についてもそんな引き出しをもっています。

「古い時代の印刷の風合いや版ズレ、そんな感じになるように色を使うのがわりに好きなんですね」というイラストレーターの大寺聡氏。微妙な色を何層にも重ねてテクスチャをつくり出す、氏のイラストレーションを見ると、そのことばにも納得がいきます。90年代前半に、それまで好んで使っていたアクリル絵の具と筆を、パソコンのマウスに持ち替えたそうですが、その後も手描き時代に身につけた技法や感覚を、デジタルの世界に融合させながら制作を続けています。

ここでは大寺氏の近作を例にあげながら、色づかいのイメージソースの探し方や、色彩が作品にもたらす効果を検証してみましょう。

古典をアレンジして自分のものに

一時期、50年代のアメリカンデザインに凝り、資料を集めていたという大寺氏。当時制作した「hi-fi2」はその資料にあったインテリアファブリックの色合いにヒントを得て描いたものです（❶）。主にピンクとベージュ系、そしてその混色が色相のベースとなっています。決して多くの色が使われているわけではありませんが、色の豊かさ、美しさが伝わってくる作品です。

「あらゆる色相から選んだ色をまんべんなく使うより、このイラストのようにきれいな色を2色くらい選んで、その色をしっかり見せていくほうが自分では好きです」

また、同様にベース色を2色に絞っていても、「蒸気機関車」は、ソフトなイメージの「hi-fi2」とはまったく違う、力強い印象の作品に仕上がっています（❷）。

「ロシア・アバンギャルド（20世紀初頭のロシアにおける芸術運動。軍事色の濃い政権ポスターなどで知られる）を意識して描いた」というこの作品は、鮮やかなオレンジと無彩色のみを使用。色数を制限し、原色使いを基本とした画面は、コントラストの強い仕上がりで、その構図の明快さがパワーとスピード感を生み出しています。

これらの作品のヒントとなったのは、いずれも古い時代のグラフ

❶「hi-fi2」
やや鈍い中間色2色をベースに、その混色でバリエーションを出している。50年代のアメリカンデザインの色合いが参考になったという

❷「蒸気機関車」
ハーフトーンを極力使わず、原色を版画のように平面的に塗ることで力強さを感じさせる作品。白く残した部分も効いている

❸「憂鬱なゴールデン・ウィーク」
交通渋滞などゴールデン・ウィークの陰の部分を、近未来を想定して描いている。グレイッシュな配色が、憂鬱な気分を想起させる

ィックデザインですが、当時は印刷技術が発達していなかったために、色づかいにおいてもさまざまな制約がありました。しかしその制約のなかで最良の表現を追求して生まれた配色パターンは、現代においても見習うべきものを数多く包含しています。

同系色の構成のなかに豊かな表現を込める

大寺氏の作品のなかには色のトーンを統一したイラストが目立ちます。「憂鬱なゴールデン・ウィーク」もそのひとつで、グレイッシュな配色が画面を覆います（❸）。「制作にあたっては"憂鬱"がテーマだから色味はグレイを、と意図的に決めているわけではなく、全体のイメージを思い浮かべ、それを生かす色合いとして自然とグレイを選ぶという感覚ですね」

作品の多くは、手描きの原稿をIllustratorでトレースして彩色、データをPhotoshopに読み込んでから、さらに細かい描き込みを重ねるという手順で制作されています。仕上げは光が当たっている部分の照りを消しゴムツールを使って白く抜いたり、透過光による色の変化などをていねいに調整し、最終段階でさらに全体にグレースケールを重ねることもあるそうです。その段階で、描いている途中は鮮やかだった全体の色調がワントーン沈み、独特の色調と風合いが生み出されます。

同様に同系色でまとめた「リマスタリング」では、わずかな緑と

❹「リマスタリング」
窓のない部屋で、古い音源をリマスタリングしているというシチュエーション。昼も夜もわからない部屋のようすをブルー系の色で描いている

❺「吹上温泉2」
手前は色濃く、遠景は白く霞んだタッチで、イラストの奥行き感の表現にも変化が。緑色のバリエーションにも注目

紫の色面以外は、深みのあるブルーを基調にした彩度の低い色を多用しています（❹）。
「同系色で統一したイラストでは、とくに光がどの方向から来てるか、その光によって物体の色がどう変化しているかを意識しながら描きます。そうすることで画面が見やすくなると思うので。「リマスタリング」は鈍く沈んだトーンで全体を統一していますが、残念ながら（商業的には）明るい色使いで軽いタッチのイラストが好まれることが多いですね。しかし自分ではその鈍さ、重さゆえにイラストの存在感が主張できると考えています」
　存在感を出すために、必ずしも鮮やかな色に頼る必要はないということを、これらの作品は教えてくれます。
「あたり一面が夕焼けに染まる風景を見て、ああ、きれいだなって思うこと、あるでしょう？　そのときは夕焼けの赤い色の印象をきれいだと感じているわけですよね。そんなふうに1色に集約されていく美しい色合いを、イラスト上でも表現できるのではないかと」

見慣れたはずの色を再発見する

　2000年を境に、大寺氏は住み慣れた東京を離れ、鹿児島に居を構えて仕事をするようになりました。南国の風と緑に囲まれたアトリエでは、イラストのモチーフに周囲の風景を意識的に取り入れることが多くなったといいます。「吹上温泉2」もそのひとつ（❺）。もちろん全体の構図は他のイラストと同様、イマジネーションによるものですが、描かれた植物や、彩りは実際の風景に触発されたとこ

❻「白い植物群」
「モチーフを白で表現する」というテーマに基づいて描いた実験的な作品。白のもつ幻想的な雰囲気が全面を覆う

ろが大きいそう。

「植物の緑にしても、こんなにたくさんの色があったのか、と改めて感じることがあります。その印象がイラストにも反映されているかもしれませんね」と大寺氏。色づかいのアイデアを探す第一歩は、身の回りのものを観察することから始まるのかもしれません。

白という「色」

無彩色の「白」は好感度の高い色である半面、存在感を主張するのが難しい色でもあります。とくに白い紙に彩色を施すイラストレーションの世界では、白は「背景色」という固定したイメージがもたれています。

その白をメインのモチーフにしてみたら……。そんな試みのもとに描かれたのが「白い植物群」です（❻）。このイラストは「未踏の地を訪れた博士たちが謎の植物を発見した」という設定。細部に目を向けると、バックの緑色がゆるやかなグラデーションで互いに溶け合うような色調で描かれているのに対し、モチーフの白い部分にはしっかりと陰影が描き込まれ、立体感のある表現がなされていることがわかります。そうした表現法が功を奏し、ここでは白という色が、いきいきとした存在感と強さをもって浮かび上がってきます。

また、画面右下には植物の発見者である2名の人物が小さく描かれています。「類似トーンでまとめたイラストのなかに、ほんの少しだけ別の色味をプラスする」というのも、大寺氏がよく用いる手法ですが、こうした処理も、画面全体を引き締めてバランスをとるのに役立っているようです。

掲載作品出典一覧

※参考文献：『合格！色彩検定3級対策』
『合格！色彩検定2級対策』
『カラーコーディネーター合格ハンドブック』
(明日香出版社)

001,002,018,023,024,027,028,029,034,037,038,
039,050,051,052,053,054,055,056,057,058,059,
060,063,064,065,067,070,075,076,079,080,081,
082,083,088,089,090,093,094,096,097,098,099,
100,101,104,150,154,156,279
　　　　　写真提供：株式会社フェリシモ

003／さくら銀行,004,019,020,046,048,074／さくら銀行,091／株式会社イスト,105,115／弘学館中学校・高等学校,117,119,144,220
　　　　　作品提供：大寺 聡

015,021,035,036,095,118,136,139,152,159,162,
200,239,240,275
　　　　　作品提供：CHIPS

005　extra design／『kitty』雑誌／2000／International design Network
006　日本テレビ／「日テレブランド?」
007　JR東日本企画／JR東日本東京近郊路線図
008　都築 潤／『カリフォルニア留学物語』書籍表紙／2000／NHK出版
009　ランドーアソシエイツ インターナショナル リミテッド／「株式会社ワコール」コーポレートマーク
010　アップルコンピュータ株式会社／iMac／1999
011　米谷テツヤ／『ZERO』装幀／2001／幻冬舎
012　キリンビバレッジ株式会社／「午後の紅茶」
013　佐藤可士和(サムライ)／「Smap」／2001／Victor Entertainment,Inc.
014　石田恭嗣／『OPUS』グループ展／1996／オリジナル作品
016　ワキサカコウジ／『common&sense(ISSUE18)』季刊誌／2001／CUBE
017　横田ひろみつ／「MAGICAL XMAS(White Wall)」オブジェ／2001／オーロラシティー
022　TOZAWA DESIGN RENDERING／「ALFA156」STRATA Studio Pro／1999／SoftwareToo
025　ドルバッキーヨウコ／「room*room」／2001／オリジナル作品
026　エンライトメント／「ONO YOKO」『SUDIO VOICE』掲載作品／2001／INFAS
030　冨谷 智(彫刻家)／「橋架」
031　内原恭彦／「cardinal」／2001／オリジナル作品
032　本田技研工業／「ステップワゴン」雑誌広告／2001
033　高野 徹(Iolo266)／「flowerhairs」／2001／エムディエヌコーポレーション
040　平沢けいこ／『OZmagazine』デジタル特集 私の時間をNEWSTAGEへ／2001／スターツ出版
041　酒井和男／「image09」／2001／オリジナル作品
042　細谷ゲン(SEEGEEGEN)／「藤井フミヤ"CULB F"」発売告知B1ポスター／2001／ソニー・ミュージックエンタテインメント
043　米谷芳彦(id.arts)／「Shadeの哲人」パッケージ／2001／エクス・ツール
044　中川悠京／「インナーローズ／薔薇恋」文庫表紙／2001／講談社
045　谷口広樹／「デザインの風」展覧会用B0ポスター／2001／東京藝術大学
047　白 承坤(バイクデザインオフィス)／『GQ Japan』2001年12月号／2001／嶋中書店
049　ソエジマケイタ／「キャラクターパビリオン2000」／2000／デジタローグ
061　カシオ計算機株式会社／「Baby-G」
062　カシオ計算機株式会社／「G-SHOCK」
066　田宮 彩／『則天武后』月刊『CAT』イラスト／2001／アルク
068　三和酒類株式会社／「いいちこ」雑誌広告／2001
069　ランドーアソシエイツ インターナショナル リミテッド／「株式会社ミキモト」コーポレートマーク
071　宮本幸男／「ゾディアック」『Adobe Illustrator7.0スーパーガイド』表紙／1994／秀和システム
072　東京商科学院専門学校フラワービジネス学科／第6回卒業制作展ポストカード／1997
073　田中英樹／『サイゾー』特集 シドニー・オリンピック場外乱闘ガイド／2000／インフォバーン
077　岡部タカノブ／「Infomation Island」パンフレット表紙／2000／NTT
078　北原 聡／「ゴンドラのある街」『日経CG』表紙／1997／日経BP社
084　佐藤晃一／「桜姫東文章」ポスター／1976／新劇団議会
085　有田坊／「月夜の小田原」／2001／(社)神奈川県観光協会
086　田中修一郎／「四季草花図」／2001／オリジナル作品
087　東京リボン株式会社／「Ribbon Gallery 2001-2002」
092　ランドーアソシエイツ インターナショナル リミテッド／「タイ国際航空」コーポレートマーク
102　北原 聡／「ゴンドラのある街」『日経CG』表紙／1997／日経BP社
103　岡部タカノブ／「Infomation Island」パンフレット表紙／2000／NTT
104　grasp at the air co., ltd／「TOKYO LONBOO TOWER」／1999／WOWWOW
106　藤本健太郎／「AiboTV」ロゴタイプ／2001／ソニー
107　齋藤 浩／「シンラ新聞広告」／2000／新潮社
108　松原浩司／「フジフィルム」DM／2001／フジフイルム
109　月刊『MdN』2001年12月号／エムディエヌコーポレーション
110　TDR(Creators Group MAC)／「Sportiva」フライヤー／2000／Sportiva
111　SEICHI／「RODEO!?」Tシャツ／2001／SMALL CIRCLE PARADE
112　日本体育・学校健康センター／「toto」ロゴマーク
113　秋山具義／「BAR-AKA brothers」ポスター／2000／ケイブルホーグ
114　片桐彩子／「スルタンの御召使」／2000／オリジナル作品
116　マツザワサトシ／「STREET PEDDLERS」イメージヴィジュアル／2001／STREET PEDDLERS
120　北岡久美子／「風の落としもの」CD-ROM／富士通エフ・アイ・ビー
121　artless,inc.／「66modern*・poster art」ポスター／2001／cafe & Lounge「66modern*」
122　安倍吉俊／「untitled」Big magazine(スペイン) 寄稿作品／2000
123　イモカワユウ／「JAYRO」カタログ／2001／ジュン
124　泉沢光雄／「TUBE・LaniKai」コンサートパンフレット／2000／GUAN-BARL
125　田宮 彩／「晩秋」／2001／オリジナル作品
126　大賀菓子／「SAWS」表紙／2000／菊水電子工業
127　武田瑛夢／「Easter egg21-Leopon vs.griffin-」／2001／オリジナル作品
128　後藤 宏／「Japan B」ポスター／2001／日本グラフィックデザイナー協会
129　中島英樹／『中島英樹作品集・REVIVAL』カバー／1999／Rock'in on
130　細谷ゲン(SEEGEEGEN)／「松阪大輔"MD"」ロゴ／2000／電通、ライトパブリシティ
131　海賊屋／「CGWorld」記事用CG／2001／ワークスコーポレーション
132　株式会社豊島園／雑誌広告／2001
133　ウエノ★アモーレ★ヒロスケ／「ハスキー・アモーレ・ソワレ・ナイト」DM／2001／青い部屋
134　田宮 彩／「Hiroko」／2001／オリジナル作品
135　東京商科学院専門学校フラワービジネス学科／第3回卒業制作展ポストカード／1994
137　株式会社豊島園／雑誌広告／2001
138　大日本タイポ組合／「きよしのよる」ポスター／2001／BAMBI
141　extra design／「Postcard」／2001／オリジナル作品
142　grasp at the air co., ltd／「EDWIN dictionary」／2000／CLUBKING.co、EDWIN
143　田島照久／映画「WX III機動警察PATLABOR3」／2001／バンダイヴィジュアル、東北新社
145　下岡 茂／『プレイボール』装幀／2001／光人社
146　岩淵まどか／「バロウズの妻」宣材用アナログ／2001／M3エンタテインメント
147　黒田至恭／「SOCRATTO」製品パンフレット／2001／Sony Corporation
148　大日本タイポ組合／「EDWIN」雑誌広告／1999／EDWIN Company Limited
149　永戸哲也／『サイゾー』雑誌／2001／インフォバーン
151　Nobody Design Products／「one touch」／2001／オリジナル作品
153　『TONY CRAGG SCULPTURE 1975-1990』／Thames and Hudson
155　小笠原たけし／「HANA#02」NIKKEIプラス1 掲載作品／2001／日本経済新聞社
157　古岡ひふみ／「トゥーラへの飛行」／1997／オリジナル作品
158　成 光雄／「DREAMS COME TRUE"THEMONSTER"」CDジャケット／2001／DCT & CO.,Ltd
160　田中修一郎／「白雉」／2001／オリジナル作品
161　ランドーアソシエイツ インターナショナル リミテッド／「ENEOS」コーポレートマーク
163　佐藤晃一／「利休」ポスター／1988／松竹株式会社
164　有田坊／「月夜の真鶴」／2001／(社)神奈川県観光協会
165　亀井一郎／「MITSUBISHI」カレンダー／1995／三菱電機株式会社
166　安藤克昌／マイクロソフトユーザーズオリジナルクリップアート／2001／マイクロソフト
167　有田坊／「月夜の湯河原」／2001／(社)神奈川県観光協会
168　古岡ひふみ／「森の巡査」／2000／オリジナル作品
169　小澤貴也／「Artwork」デジタルイメージクリスマス出品作品／2000
171　SEICHI／「S.T.S_FLYER10.28」／2001／MERODY STAR RECORDS
172　SEICHI／「K.M sand」／1999／オリジナル作品
173　池越顕尋／「大阪オリンピック」招致イベントポスター／2001／大阪府
174　中村至男／「明和電気カタログ」／2001／吉本興業
175　Souvenir Design／「Count Down TV-neo」／2000／TBS
176　KDDI株式会社／「マイライン」広告
177　フリフリカンパニー／「Retread threads」ポスター・ポストカード／2001／Retread threads(USA)
178　杉崎真之助／「マッキントッシュとグラスゴースタイル展」ポスター／2000／サントリーミュージアム
179　木原庸佐／「ゴーゴー！コニーちゃん！」／1994／フジテレビジョン
180　寄藤文平／「朝日放送シンボルキャラクター」／2001／朝日放送
181　田中英樹／「TY ARTWORK vol.2」／1999／T.Y Harbor BrewingCo.
182　中村至男／「東京モーターショー2000商用車」／2000／(社)自動車工業振興会
183　いとういつお(Itsuo Illustration Service)／「電撃チェックくん」／2001／ベネッセコーポレーション
184　DEVILROBOTS／「LINDBERG BEST」CDジャケット／1998／TEICHIKU RECORDS

185 いといつお(Itsuo Illustration Service)／
「CASIO・Baby-G 2000年春夏キャンペーン」
ポスター／2000／カシオ計算機株式会社
186 『NDEBELE』／Rizzoli
187 『KEITH HARING』／Hyperion Books
188 ソエジマケイタ／「キッズペーパーワールド」／
2000／東京紙パルプ交易
189 ソエジマケイタ／「キャラクターパビリオン2000」／
2000／デジタローグ
190 谷本ヨーコ／「メッセンジャー」映画宣伝ポスター／
1999／東宝株式会社
191 パワーグラフィックス／「Lwss is More」ポスター／
2001／三菱製紙株式会社
192 佳嶋／「桃色の吉祥天女」／
2001／オリジナル作品
193 有田坊／「月夜の南足柄」／
2001／(社)神奈川県観光協会
194 西本和民／「Aine CD」／
2001／Baby Boy Records
195 キリンビバレッジ株式会社／「生茶」
196 池岡宗治／『WING・ship』／1995
197 小澤貴也／「Due'le quartz」写真集用作品／
2001／PS COMPANY.,Co Ltd
198 grasp at the air co., ltd／
「TOKYO LONBOO TOWER」／
1999／WOWWOW
199 Cyclone Graphix／「Aerosol Culture Libre」
ポスター／2001／三菱製紙株式会社
201 田宮 彩／「Hiroko」／2001／オリジナル作品
202 日本テレビ／「日テレブランド？」
203 Souvenir Design／
「Green homes/Green Seed 2002 Calendar」／
2001／Green homes・Green Seed
204 松田行正／「10+1」No.25／
2001／INAX出版
205 花山由理／「カマ行列」／2001／オリジナル作品
206 山田拓矢／「20世紀美術の形と動き展」／
2001／うらわ美術館
207 KDDI株式会社／「年割」「家族割」「指定割」広告
208 白 炎坤(バイクデザインオフィス)／
「モンブラン・ジャパン」ポスター／
2001／モンブラン・ジャパン
209 井上和洋／「Mの肖像1.05a」／
2001／エムディエヌコーポレーション
210 酒井和男／「image11」／
2001／オリジナル作品
211 岸 啓介／「オド・オクトパス」スパイラル・
ペーパー表No.79表紙／
2001／ワコールアートセンター
212 いといつお(Itsuo Illustration Service)／
「デザプレは変体する。」design plex
広告用ポスター／2000／エアシードプレス
213 Cyclone Graphix／
「BD CG Font Remix Project Vol.5」フライヤー／
2001／BD CG Font Remix Project
214 中島 浩／
「不易流行-中国現代美術と身の周りへの眼差し-」
ポスター／1997／ナンジョウアンドアソシエイツ
215 田宮 彩／「Raining Pleasure」CDジャケット／
2002／EMI GREECE
216 東京商科学院専門学校フラワービジネス学科／
「第5回卒業制作展ポストカード」／1996
217 ウエノ★アモーレ★ヒロスケ／「マッセメンシュ」
DM／2000／マッセメンシュ
218 吉井 宏／「エーアイムック・WWWイエローページ」
表紙／2000／エーアイ出版
219 松田行正／『変』／2001／牛若丸出版
221 服部一成／「にごり果実」ポスター／
2001／キリンビバレッジ株式会社
222 吉井 宏／「CD-ROM Power Words 10」表紙／
2001／アルク
223 ランドーアソシエイツ インターナショナル リミテッド／
「NTT Communications」コーポレートマーク
224 松平昭子／「NTT VAIOキャンペーンマウスパッド」／
2000／NTT東日本
225 ランドーアソシエイツ インターナショナル リミテッド／
「デルタ航空」コーポレートマーク
226 雨宮由里子／「伊万里のきゃら・マッチョ」／
2001／オリジナル作品

227 月刊『WinGraphic』2001年9月号／
エムディエヌコーポレーション
228 藤本健太郎／「気分はもう戦争」装幀／
2002／角川書店
229 佐藤可士和(サムライ)／「Smap」／
2001／Victor Entortainment,Inc.
230 U.G.サトー／「カレンダーのためのイラスト」／
2001／デザイファーム
231 荒川伸生／「Felix et Lola」B倍ポスター／
2001／シネマリジァン
232 服部幸平／「Vacation」装幀イラスト／
2000／講談社
233 ランドーアソシエイツ インターナショナル リミテッド／
「株式会社デオデオ」コーポレートマーク
234 ナカシンジ／『PC・GIGA』2001年10号表紙／
2001／英知出版
235 佐藤 理(アウトサイドディレクターズカンパニー)／
「OSD展ポスター THE ALPHABET-V
(VOLCANO)」／2001／OSD
236 片桐彩子／「スルタンの御召使」／
2000／オリジナル作品
237 加藤俊明／「messages #3」／
2001／オリジナル作品
238 松原浩司／「OKI企業イメージ」イラスト／
1998／沖電気
241 藤本マナカ／「鬱休み」CDジャケット／
2001／カフェ・オ・レーベル
242 都築 潤／「カリフォルニア留学物語」書籍
表紙／2000／NHK出版
243 ダバカン／「バースデイ」オープニングタイトル／
1999／MMJ
244 CHIPS, 坂野昌行, 石田恭嗣／『みらいすと』
表紙／横浜みなとみらいホール
((財)横浜市芸術文化振興財団)
245 北岡久美子／「年賀状CD-ROM2002」／
2001／インプレス
246 池岡宗治／『モノ・マガジン』表紙イラスト／
2000／ワールドフォトプレス
247 齋藤 浩／「新潮文庫新聞広告」／
2000／新潮社
248 西岡純矢／「ちわわのスケート」ムービー／2001
249 HAL／「LadyDay」エスタンプ・ヌーメリック展
出展作品／2001／aiD'en
250 d3d2 inc.／
「ANTEPRIMA FW01/02 Campaign Photo」／
2001／ANTEPRIMA Srl.
251 原田専門家／
「ビックカメラPresents base COUNT DOWN」
ポスター／2001／吉本興業
252 松原浩司／「Canon」レセプションポスター／
1994／キャノン
253 tomo／「引っ越し」／1999／オリジナル作品
254 teevee graphics／「ぐるぐるナインティナイン」
オープニングタイトル／2001／日本テレビ
255 ヨシヤス／「ニャンコス」／
2001／©yoshiyasu
256 extra design／「kitty」雑誌／
2000／International design Network
257 ソネハチ(Polygons)／「テッキーゼロワンちゃん」
アスキーテックウィン表紙イラスト／
2001／アスキー
258 木村智博／「flower」／
2001／オリジナル作品
259 加藤俊明／「時の箱船III」／
2001／オリジナル作品
260 ドイヒロアキ(POSITRON)／
「m-flo"THE REPLACEMENT PRECUSSIONISTS"」
CDジャケット／2000／エイベックス
261 横田ひろみつ／「TWO MEN」ポストカード／
1999／王子製紙株式会社
262 ドイヒロアキ(POSITRON)／
「m-flo"EXPO EXPO"」CDジャケット／
2001／エイベックス
263 ドルバッキーヨウコ／「2002年ミニモニカレンダー」／
2001／アップフロントエージェンシー
264 三河一郎／「春渓」／
2001／オリジナル作品
265 目黒詔子／「妖精メリュジーヌ伝説」文庫装幀画／
1995／社会思想社

266 広岡 毅(LEVEL1)／「Funky Business」／
2001／博報堂
267 TYCOON GRAPHICS／
「Motion Element/2001-2002 A/W poster」／
2001／Motion Element
268 坂 哲二(BANG! Design)／
『建築文化』2000年1月号表紙／2000／彰国社
269 草野 剛／「earth」Tシャツ／2001／ビームス
270 石田恭嗣／「ライブツィヒ・ゲヴァントハウス管弦楽団」
公演ポスター・フライヤー／
2002／(財)横浜市芸術文化振興財団
(横浜みなとみらいホール)
271 齋藤いづみ／『LightWave6.5MAGIC』
『3dS msxMAGIC』表紙／
2001／エムディエヌコーポレーション
272 松下 計／「'98 TDC展」展覧会告知ポスター／
1997／東京タイポディレクターズクラブ
273 U.G.サトー／「平和ポスター」／
2001／原水爆禁止世界大会
274 d3d2 inc.／
「ANTEPRIMA SS2002 Campaign Photo」／
2002／ANTEPRIMA Srl.
276 河原 光／「Pre-school／First Heaven」
CDジャケット／2001／トイズファクトリー
277 田中英樹／
「第27回全日本ライフセービング選手権大会」ポスター／
2001／日本ライフセービング協会十日本財団
278 平林奈緒美／「FSP AIRPORT」ポスター／
1999／アクス
280 ランドーアソシエイツ インターナショナル リミテッド／
http://www.landor.com／
281 マッキンゼー・アンド・カンパニー／
http://www.mckinsey.co.jp／
282 ソニースタイルドットコム・ジャパンカンパニー／
http://www.jp.sonystyle.com/index.html
283 Canon Image Gateway／
http://www.imagegateway.net／
284 ランドーアソシエイツ インターナショナル リミテッド／
http://www.landor.com／
285 VAIOホームページ／
http://www.vaio.sony.co.jp／
286 フェラーリ美術館／
http://www.ferrari-museum.co.jp／
287 日本航空株式会社／
http://www.jal.co.jp／
288 FELINET(フェリネット)／
http://www.felinet.com/index.html
289 Audi Japan／
http://www.audi.co.jp／
290 Lupo-Style.com／
http://www.lupo-style.com／
291 FONTSTUDIO @／
http://www.japon.to/@／
292 dacafe. photograph.／
http://www.nobdesign.com/da／

●株式会社フェリシモ
生活雑貨やファッションなど、毎日の暮らしを
彩る約2,500のコレクションを、カタログ『はい
せんす絵本』に掲載。"しあわせな生活をデザ
インする集団"として商品企画・カタログ編集
のほか、国際デザインコンテストなど各種文化
支援活動も展開。
お問い合わせ先：0120-055820
URL：http://www.felissimo.co.jp／
http://www.felinet.com／

●CHIPS
1958年東京生まれ。1987年渡米。89年よりイ
ラストレーターとして活動。FROM A THE
ART展奨励賞、リビングデザインアート・コン
ペティション入選、郵便切手デザインコンクー
ル入選、第48回全国カレンダー展会長賞。青
山ピンポイントギャラリー個展4回。ニューヨー
クART54にてグループ展「Contemporary Art
In Japan 1990」。書籍、広告、ディスプレイ等
に作品を発表している。

●著者プロフィール
石田恭嗣【いしだ・きよつぐ】
1957年札幌生まれ。武蔵野美術大学大学院修了。同大学助手を経て1990年渡仏、帰国後グラフィック、エディトリアル、ディスプレイなどのデザインに携わると同時に武蔵野美術大学・東京商科学院専門学校で非常勤講師として教鞭をとっている。著書に『合格！色彩検定3級対策』『合格！色彩検定2級対策』(明日香出版社)などがある。

●制作スタッフ
[装幀・本文デザイン・DTP]　鎌田正志(有限会社イーストゲイト)
[PART5 サンプル制作]　山岡延行
[PART6 取材・文]　石田純子
[編集]　後藤憲司
[編集長]　野口理佳

配色アイデア見本帳

2002年5月21日	初版第1刷発行
2002年8月21日	初版第3刷発行

[著者]	石田恭嗣
[編集・発行人]	藤岡 功
[発行]	株式会社エムディエヌコーポレーション
	〒102-0075　東京都千代田区三番町20
	http://www.MdN.co.jp
[発売]	株式会社インプレスコミュニケーションズ
	〒102-0075　東京都千代田区三番町20
	TEL：03-5275-2442　FAX：03-5275-2444（出版営業）
[印刷・製本]	図書印刷株式会社

Printed in Japan
©2002 Kiyotsugu Ishida　All rights reserved.

定価はカバーに表示してあります。本書の内容を無断で転記、記載することは禁じます。

【エムディエヌカスタマーセンター】
●造本には万全を期しておりますが、万一、落丁・乱丁などがございましたら、送料小社負担にてお取り替えいたします。お手数ですが、エムディエヌカスタマーセンターまでご返送ください。
●本書の内容に関するご質問は、エムディエヌカスタマーセンターまでEメールにてお願いします。メールの件名は「配色アイデア見本帳　質問係」、本文にはご使用のマシン環境(OS、搭載メモリなど)をお書き添えください。電話やFAX、郵便でのご質問にはお答えできません。ご質問の内容によりましては、しばらくお時間をいただく場合がございます。また、本書の範囲を超える質問に関しては応じられませんので、あらかじめご了承ください。

落丁・乱丁本などのご返送先	〒102-0075　東京都千代田区三番町20
	株式会社インプレスコミュニケーションズ
	エムディエヌカスタマーセンター
	TEL：03-5213-9297　FAX：03-5275-2443
内容に関するお問い合わせ先	Eメール：info@MdN.co.jp